U0617690

BLUE BOOK

智 库 成 果 出 版 与 传 播 平 台

企业社会责任蓝皮书

BLUE BOOK OF CORPORATE SOCIAL RESPONSIBILITY

中国企业社会责任研究报告（2022）

RESEARCH REPORT ON CORPORATE SOCIAL RESPONSIBILITY OF CHINA (2022)

责任领航，迈入现代化新征程

李　扬　彭华岗／顾　问

黄群慧　钟宏武　张　蒽／著

社会科学文献出版社

SOCIAL SCIENCES ACADEMIC PRESS (CHINA)

图书在版编目（CIP）数据

中国企业社会责任研究报告 . 2022：责任领航，迈
入现代化新征程 / 黄群慧，钟宏武，张蒽著 . --北京：
社会科学文献出版社，2022.11
（企业社会责任蓝皮书）
ISBN 978-7-5228-1032-4

Ⅰ.①中…　Ⅱ.①黄…　②钟…　③张…　Ⅲ.①企业责
任-社会责任-研究报告-中国-2022　Ⅳ.①F279.2

中国版本图书馆 CIP 数据核字（2022）第 201531 号

企业社会责任蓝皮书
中国企业社会责任研究报告（2022）
——责任领航，迈入现代化新征程

顾　　问 / 李　扬　彭华岗
著　　者 / 黄群慧　钟宏武　张　蒽

出 版 人 / 王利民
组稿编辑 / 邓泳红
责任编辑 / 张　超
责任印制 / 王京美

出　　版 / 社会科学文献出版社 · 皮书出版分社　（010）59367127
　　　　　　地址：北京市北三环中路甲 29 号院华龙大厦　邮编：100029
　　　　　　网址：www.ssap.com.cn
发　　行 / 社会科学文献出版社　（010）59367028
印　　装 / 天津千鹤文化传播有限公司

规　　格 / 开　本：787mm×1092mm　1/16
　　　　　　印　张：13.25　字　数：170 千字
版　　次 / 2022 年 11 月第 1 版　2022 年 11 月第 1 次印刷
书　　号 / ISBN 978-7-5228-1032-4
定　　价 / 128.00 元

读者服务电话：4008918866

主要编撰者简介

黄群慧 中国社会科学院经济研究所所长,研究员,博士生导师,《经济研究》主编,《经济学动态》主编,中国社会科学院大学经济学院院长,中国社会科学院国有经济研究智库主任。兼任中国企业管理研究会副会长、理事长,国家"十四五"规划专家委员会委员,国家制造强国建设战略咨询委员会委员,国务院反垄断委员会专家咨询组成员。享受国务院颁发的政府特殊津贴,荣获"国家级有突出贡献的中青年专家"称号等。主要研究方向为发展经济学、制造业发展、企业改革与管理等。主持国家社科基金重大项目3项,在《中国社会科学》《经济研究》等学术刊物公开发表论文300余篇,撰写《新时期全面深化国有经济改革研究》等专著30余部,主编"企业社会责任蓝皮书"等多部。其成果曾获孙冶方经济科学奖、张培刚发展经济学奖等,作品入选国家新闻出版署"优秀通俗理论读物出版工程"、国家哲学社会科学成果文库等。

钟宏武 中国社会科学院社会发展战略研究院副研究员,管理学博士,中国社会责任百人论坛秘书长,责任云研究院名誉院长。主持"中央企业社会责任蓝皮书"(国资委课题)、"中央企业'一带一路'履责报告"(国资委课题)、"中央企业海外社会责任研究"(国资委课题)、"中央企业社会责任推进机制研究"(国资委课题)、"企业参与精准扶贫优秀案例"(国务院扶贫办课题)、"促进企业参与扶贫机制研究"（国务院扶贫办课题）、"'一带一路'与中资企业海外社会责任"（国家发改委课题）、"中国矿业企业社会责任报告指引"（国土资源部课题）、"责任制造2025"（工信部课题）、"中国食品药品行业社会责任信息披露机制研究"（国家食药监局课题）、"中国保险业社会责任研究"（保监会课题）、"上市公司社会责任信息披露情况研究"（深交所课题）；先后访问日本、南非、英国、瑞典等多国，研究企业社会责任。编写"中央企业社会责任蓝皮书"、"企业扶贫蓝皮书"、"企业社会责任蓝皮书"以及《中国企业精准扶贫50佳案例》《中国企业社会责任报告编写指南》《企业社会责任管理体系研究》《企业社会责任基础教材》《企业公益蓝皮书》《中国企业社会责任报告白皮书》《中国国际社会责任与中资企业角色》《慈善捐赠与企业绩效》等50余部。在《经济研究》《中国工业经济》《人民日报》等报刊上发表论文50余篇。

张　蒽　中国社会科学院社会发展战略研究院副研究员，管理学博士，经济学博士后，中国社会责任百人论坛执行秘书长，责任云研究院首席专家。作为主要研究人员，参与"责任制造2025""中央企业社会责任推进机制研究""上市公司社会责任信息披露""中央企业社会责任理论研究""企业社会责任指标体系研究"等重大课题的研究。参与编写"企业社会责任蓝皮书"以及《中国企业社会责任发展指数报告》《中国企业社会责任报告编写指南》《企业社会责任管理体系研究》《企业社会责任基础教材》《中国企业社会责任报告白皮书》《中国上市公司非财务信息披露研究报告》《企业社会责任负面信息披露研究》等，在《中国工业经济》《经济管理》等期刊公开发表与社会责任相关论文。

中国社会责任百人论坛简介

中国社会责任百人论坛（China Social Responsibility 100 Forum，简称"责任百人论坛"），成立于 2016 年，是由来自国务院国资委、国家发改委等部委的领导，中国社会科学院、清华大学等机构的专家，中外著名企业家自发建立的公益性机制，是中国社会责任领域的高端平台。

截至 2022 年 8 月，论坛有 35 位发起人，有 41 家理事会单位，每年举办 20 场重大活动，出版 10 本专著。

责任百人论坛发起人（35 人）

彭华岗　国务院国资委党委委员、秘书长

李　扬　中国社会科学院学部委员、国家金融与发展实验室理事长

欧晓理　国家发改委社会司司长

张晓刚　国际标准化组织（ISO）原主席

张　涛　国务院国资委行业协会商会工作局原局长

宋志平　中国上市公司协会会长

刘兆彬　中国质量万里行促进会会长

江　辉　中国在非企业社会责任联盟秘书长

曹宏瑛　中国外商投资企业协会常务副会长

钟绍良　世界钢铁协会副总干事兼北京代表处首席代表

崔建国　中国黄金行业协会副会长

宋　鑫　中国节能环保集团有限公司党委书记、董事长

周志亮　中国铁路通信信号集团有限公司党委书记、董事长

周渝波　中国国新控股有限责任公司党委书记、董事长

郑崇华　台达集团创办人暨荣誉董事长

刘　冰　中国黄金集团有限公司党委副书记、总经理、董事

毕亚雄　中国南方电网有限责任公司董事、党组副书记

蓝　屹　华润集团秘书长、办公室主任

吕大鹏　中国公共关系协会专家委员会执行主任

党彦宝　宁夏宝丰集团有限公司董事长、宁夏燕宝慈善基金会理
事长

陈建军　圣象集团董事长

王　彤　中国三星首席副总裁

张　凯　松下电器（中国）有限公司副总裁

黄群慧　中国社会科学院经济研究所所长

李雪松　中国社会科学院数量经济与技术经济研究所所长

刘纪鹏　中国政法大学商学院院长

邓国胜　清华大学公共管理学院副院长

张洪忠　北京师范大学新闻传播学院院长

周祖城　上海交通大学安泰经济与管理学院教授

倪鹏飞　中国社会科学院城市与竞争力研究中心主任

胡志浩　国家金融与发展实验室副主任

董忠云　中航证券有限公司首席经济学家

魏紫川　中华网总裁

钟宏武　中国社会科学院博士、教授（论坛秘书长）

张　蒽　中国社会科学院博士、教授（论坛执行秘书长）

责任百人论坛理事会单位（41 家）

中国石化、国家能源集团、国投、华润集团、中国宝武、南方电

网、东风汽车、中国一汽、中国华电、中交集团、中国电建、东方电气、中国旅游集团、中国兵器工业、中国移动、中国黄金、华润电力、华润燃气、蒙牛、华发集团、珠海港集团、西部利得基金、华为、腾讯、阿里巴巴、伊利、圣象、碧桂园集团、宝丰集团、天润新能、联想集团、飞鹤、泰禾智能、中国三星、SK 集团、现代汽车、Apple、松下电器、LG 化学、台达、起亚汽车

责任百人论坛秘书处联系方式

秘　书　长：钟宏武　13911200188　zhonghw@ cass-csr. org

执行秘书长：张　蒽　18611745997　zhangen@ cass-csr. org

践行新发展理念　推进企业社会责任
（代前言）

党的二十大报告指出，新时代十年党和国家事业取得历史性成就、发生历史性变革，推动我国迈上全面建设社会主义现代化国家新征程。[①] 新时代十年的伟大变革，在党史、新中国史、改革开放史、社会主义发展史、中华民族发展史上具有里程碑意义。[②] 具体从经济发展看，中国经济实力跃上新台阶，经济现代化进程进入新阶段，全面建成小康社会，基本实现了工业化。十年来，中国深入实施创新驱动发展战略，创新发展取得新成效；推进供给侧结构性改革，经济发展协调性进一步提升；深入贯彻绿色发展理念，经济绿色转型效果显著；加快完善社会主义市场经济体制，全面扩大开放形成新局面；消除绝对贫困现象，共同富裕取得实质性进展，不仅在经济发展实践上取得显著成就，而且深化了对社会主义经济建设规律的深刻洞见和系统性认识。总体上，我国经济发展平衡性、协调性和可持续性明显增强，迈上了更高质量、更有效率、更加公平、更可持续、更为安全的

---

① 习近平：《高举中国特色社会主义伟大旗帜　为全面建设社会主义现代化国家而团结奋斗——在中国共产党第二十次全国代表大会上的报告（2022年10月16日）》，人民出版社，2022，第6页。

② 习近平：《高举中国特色社会主义伟大旗帜　为全面建设社会主义现代化国家而团结奋斗——在中国共产党第二十次全国代表大会上的报告（2022年10月16日）》，人民出版社，2022，第15页。

发展之路。

新时代经济发展的伟大成就，是在习近平新时代中国特色社会主义思想指导下取得的，是完整、准确、全面贯彻新发展理念的结果。新发展理念在习近平新时代中国特色社会主义思想中具有十分重要的地位，是习近平新时代中国特色社会主义思想中最重要也是最主要的理论和理念，是习近平经济思想的主要内容。习近平总书记指出："党的十八大以来我们对经济社会发展提出了许多重大理论和理念，其中新发展理念是最重要、最主要的。新发展理念是一个系统的理论体系，回答了关于发展的目的、动力、方式、路径等一系列理论和实践问题，阐明了我们党关于发展的政治立场、价值导向、发展模式、发展道路等重大政治问题。"① 新发展理念的创造性的提出，对社会主义现代化建设和经济社会发展中具有战略性、纲领性和引领性的重大问题作出全新阐释，系统深化了关于社会主义发展规律的理论认识，丰富发展了马克思主义关于发展观的理论内涵。

新发展理念作为一个理论体系，是由创新发展理念、协调发展理念、绿色发展理念、开放发展理念和共享发展理念五大理念组成。这五大发展理念集中反映了我们党对经济社会发展规律认识的深化，也是针对我国发展中的突出矛盾和问题提出的。创新发展注重的是解决发展的动力问题，创新发展理念要求崇尚创新，明确创新是引领发展的第一动力；协调发展注重的是解决发展不平衡问题，协调发展理念要求注重协调，强调协调是持续健康发展的内在要求；绿色发展注重的是解决人与自然和谐问题，绿色发展理念要求倡导绿色，认为绿色是永续发展的必要条件和人民对美好生活的重要体现；开放发展注重解决发展的国家内外联动问题，开放发展理念要求厚植开放，坚持开

---

① 习近平：《论把握新发展阶段、贯彻新发展理念、构建新发展格局》，中央文献出版社，2021，第479页。

放是国家繁荣发展的必由之路；共享发展注重的是解决社会公平正义问题，共享发展理念要求推进共享，把共享作为社会主义的本质要求和发展的根本目标。这五大发展理念虽然是分开表述，也分别注重解决不同方面的问题，但从国家发展角度看是一个相互贯通、相互促进、内在联系的系统。五大发展理念是一个整体系统，是一个系统的理论体系，在实践中要统一贯彻，不能顾此失彼，也不能相互替代。①

推动经济、社会和环境可持续发展是企业社会责任贯穿始终的核心追求。对于企业而言，企业履行社会责任，必须坚持新发展理念。实质上，推进企业社会责任，就是要践行新发展理念。企业真正意义的符合社会责任要求的成长，必须是在新发展理念指导下的成长，必须是具有创新是第一动力、协调成为内生需要、绿色成为普遍形态、开放成为必由之路、共享成为根本目的一组特性的成长。

一是必须坚持创新发展理念，把企业成长动力放在以创新培育竞争优势上。这既是对股东利益回报的必然要求，也是作为负责任的企业和企业家对社会和国家发展做出贡献、建设现代化事业的必然要求。企业必须坚持创新发展理念，努力突破关键核心技术，强化自主创新，实现关键核心技术自主可控，实现高水平自立自强，为加快构建国家发展的新发展格局而贡献力量。

二是必须坚持协调发展理念，把企业成长战略基点放在解决国家发展不平衡问题上。具有社会责任感的企业，要积极参加国家区域协调发展、城乡协调发展战略，要结合自身优势，积极响应西部开发、东北振兴、中部崛起、东部率先的区域发展总体战略，助力区域协调发展；企业要积极参与乡村振兴，抓住市场机遇，推动农业产业化，

---

① 习近平：《论把握新发展阶段、贯彻新发展理念、构建新发展格局》，中央文献出版社，2021，第40~43页。

在服务三农助力乡村振兴过程中实现自身可持续发展；在文化建设层面，企业要助力以社会主义核心价值观为引领的社会主义精神文明建设，助力社会主义文化事业和文化产业的繁荣发展，为人民提供更加丰富、更有营养的精神食粮。

三是必须坚持绿色发展理念，把企业成长过程融入人与自然和谐共生之中。力争 2030 年前实现碳达峰、2060 年前实现碳中和，是我国向世界作出的庄严承诺。企业必须坚定不移走绿色、低碳、循环发展之路，坚持 ESG 投资方向，主动推进产业结构绿色低碳转型，大力推进绿色制造，构建绿色低碳智能制造体系。企业应加快实施能源结构调整，合理发展先进煤电，推动能源清洁低碳安全高效利用。要强化节能降碳增效，强化考核约束，不断完善企业污染治理体系，创新绿色低碳技术。同时，企业要持续有序推进碳达峰、碳中和工作，抓好全产业链碳减排，从供给侧提供更多可再生能源、新能源产业装备，推广应用先进技术，带动整个产业链、供应链节能减污降碳。

四是必须坚持开放发展理念，把企业成长置身于经济全球化中。企业成长要在现代化、国际化中找到自己的发展定位，要有效地利用国际国内两个市场、两种资源，在更高水平的对外开放中实现更好发展。在开放合作中，企业要积极推进科技交流合作，更好培育新的发展动能；要坚持开放共建，将可持续发展理念融入项目选择、实施、管理的各方面，实现互利共赢。此外，企业更要合作开拓国际市场，以共建"一带一路"为引领，促进资本、资源、技术、人才等要素的全球化配置，以开放促改革、以开放促发展、以开放促创新，在开放合作中塑造企业发展的新优势。

五是必须坚持共享发展理念，把企业成长与实现全体人民共同富裕关联起来。在共同富裕背景下，企业要把社会责任放在更为重要的地位。企业努力承担社会责任，其理论逻辑在于，企业不是追求股东利益最大化的组织，而应该是追求包含股东在内的企业所有利益相关者（还包括员工、消费者、供应商、债权人、社区、政府、生态环境等）的利益最大化的组织，这本质上是全体人民共同富裕要求的企业微观理论逻辑的具体化。此外，企业履行社会责任的意义绝不仅仅在于通过慈善等活动进行第三次分配来助力共同富裕，而是要在企业的价值理念、战略导向、经营活动中全面体现出各方利益相关者的要求，形成经济价值与社会价值的良性循环，推动企业与社会共享价值。

完整准确全面贯彻新发展理念，必然要求积极推进企业社会责任。党的十八大以来，党和国家高度重视企业社会责任工作，出台系列重要文件，为企业社会责任工作提供了有力指导和政策指引。2013年，党的十八届三中全会审议通过《中共中央关于全面深化改革若干重大问题的决定》，把"承担社会责任"明确为深化国有企业改革六大重点任务之一，第一次把企业社会责任写入党的文件。2014年，党的十八届四中全会审议通过《中共中央关于全面推进依法治国若干重大问题的决定》，指出要"加强企业社会责任立法"。2015年9月，中共中央、国务院发布《关于深化国有企业改革的指导意见》，明确"社会主义市场经济条件下的国有企业，要成为自觉履行社会责任的表率"。2015年11月，国务院发布《关于改革与完善国有资产管理体制的若干意见》（国发〔2015〕63号），明确"将转型升级、创新驱动、合规经营、履行社会责任等纳入考核指标"，强化了社会责任在国有资产管理中的重要地位。2016年，国务院国资委发布《关于国有企业更好履行社会责任的指导意见》，推动国有企业"积极履行社会责任"。2018年，证监会发布新版《上市公司治理准则》，要求上市公司"贯彻落实创新、协调、绿色、开放、共享的发展理念，弘扬优秀企业家精神，积极履行社会责任"。2021年，国务院印发《2030年前碳达峰行动方案》，明确应"引导企业主动适应绿色低碳发展要求，强化环境责任意识，加强能源资源节约，提升绿色创新水平"。2022年3月，国务院国资委新成立社会责任局，新局的成立是中国政府推进企业社会责任的标志性事件，新局将指导和促进国资央企社会责任建设再上台阶，提升企业的市场竞争实力和可持续发展能力；4月，中国证监会发布《上市公司投资者关系管理工作指引》，在投资者关系的沟通内容中首次纳入ESG的相关内容，作为落实新发展理念要求的重要事项；5月，国资委产权局发布《提高央企控股上市公司质量工作方案》，提出要"贯彻落实新发展理念，探索建立健全ESG体系。中央企业集团公司要统筹推动上市公司完整、准确、全面贯彻新发展理念，进一步完善环境、社会责任和公司治理（ESG）工作机制，提升ESG绩效，在资本市场中发挥带头示范作用"。党中央、国务院、各部委对企业履行社会责任的重视程度不断增强，相关政策、法规、要求不断丰富和完善，为企业履行社会责任提供了科学的政策指引和优渥的实践土壤，企业社会责任成为国家战略、社会共识和新的商业规范。

在推动社会责任工作快速发展的众多力量中，我们坚持以学者、观察者、研究者的角度为我国企业社会责任制度建设和学术研究工作贡献力量。早在2009年，我们首次发布《中国企业社会责任研究报告（2009）》，并创造性地提出"四位一体"的企业社会责任理论模型，有效指导企业社会责任实践，产生广泛的社会影响；构建"中国企业社会责任发展指数"，用一套逻辑一致的指标体系对不同类型企业的社会责任发展状况进行年度动态评价，为深入研究中国企业社会责任提供基准性参考。多年来，我们持续优化研究路径和评价方法，紧跟企业社会责任发展前沿、国家发展战略、行业发展趋势和企业发展特点，深入分析、凝练表述，描述了当前企业社会责任的现状及发展趋势。2022年，"企业社会责任蓝皮书"连续第十四年发布，其评估成果和企业社会责任大数据中挖掘的其他信息为各界的企业社会责任研究者提供了有价值的参考。

　　习近平总书记在二十大报告中指出，"从现在起，中国共产党的中心任务就是团结带领全国各族人民全面建成社会主义现代化强国、实现第二个百年奋斗目标，以中国式现代化全面推进中华民族伟大复兴"①"高质量发展是全面建设社会主义现代化国家的首要任务"②。在现代化的新征程中，企业要增强全面建设社会主义现代化强国的使命感，以新发展理念为指导，推进企业社会责任，实现高质量发展，为全面建设社会主义现代化国家、实现第二个百年奋斗目标发挥更大作用。

中国社会科学院经济研究所所长

中国社会责任百人论坛发起人

---

①　习近平：《高举中国特色社会主义伟大旗帜　为全面建设社会主义现代化国家而团结奋斗——在中国共产党第二十次全国代表大会上的报告（2022 年 10 月 16 日）》，人民出版社，2022，第 21 页。

②　习近平：《高举中国特色社会主义伟大旗帜　为全面建设社会主义现代化国家而团结奋斗——在中国共产党第二十次全国代表大会上的报告（2022 年 10 月 16 日）》，人民出版社，2022，第 28 页。

摘　要

在延续和发展《中国企业社会责任研究报告》（2009~2021）研究方法和技术路线的基础上，课题组编写了《中国企业社会责任研究报告（2022）》。全书由总报告、分报告、行业报告和附录四大部分构成。

总报告即《中国企业社会责任发展报告（2022）》。课题组构建了一套反映企业社会责任管理现状和责任信息披露水平的综合评价体系，它以中国企业300强为研究对象，从企业社会责任报告、财务报告、企业官方网站等公开渠道搜集企业主动披露的责任信息，对2021~2022年中国国有企业100强、民营企业100强、外资企业100强以及重点行业的社会责任管理现状和信息披露水平进行整体评价，总结年度特征。研究发现，2022年中国企业300强社会责任发展指数与2021年基本持平，整体仍处于起步者阶段。国有企业100强社会责任发展指数领先于外资企业100强和民营企业100强。从责任板块来看，中国企业300强责任管理指数得分与2021年相比有所增长，但整体仍处于二星级水平、起步者阶段。在15个社会关注度高的行业中，电力行业表现最佳。

分报告包括《中国国有企业100强社会责任发展指数（2022）》《中国民营企业100强社会责任发展指数（2022）》《中国外资企业100强社会责任发展指数（2022）》三部分，分别对国有企业100强、民营企业100强、外资企业100强的社会责任发展指数进行详细

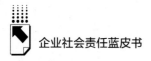

解读。研究发现，2022年国有企业100强责任管理和责任实践指数得分大幅领先于民营企业100强和外资企业100强。

行业报告是对重点行业社会责任发展指数的详细解读，对电力、乳制品、军工、建材、食品饮料、动力电池、房地产、建筑、煤炭、有色金属、汽车零部件、机械设备制造、汽车、钢铁、石油化工等15个社会关注度高、影响力大的行业进行研究，分析各行业中重点企业的社会责任发展指数，总结各行业社会责任管理与社会责任信息披露水平的阶段性特征。研究发现，15个重点行业中，9个行业处于三星级水平，6个行业处于二星级水平。

附录分别呈现了2022年中国企业300强社会责任发展指数及排名、国有企业100强社会责任发展指数及排名、民营企业100强社会责任发展指数及排名、外资企业100强社会责任发展指数及排名、中国企业300强责任管理指数及排名，2020~2022年中国企业300强社会责任发展指数，以及15个重点行业2022年社会责任发展指数及排名，简单介绍了人才建设、行业研究、中央企业社会责任调研、国资国企社会责任研究的基本情况以及近年的研究业绩情况。

关键词：企业社会责任 社会责任发展指数 责任管理

Abstract

Following and developing the research methods and routes of the Research Report on Corporate Social Responsibility of China (2009 ~ 2021), we write the *Research Report on Corporate Social Responsibility of China* (*2022*). The book is constituted by 4 parts: General Report, Sub Report, Industry Report and Appendix.

General Report is " The CSR Development Report of Chinese Enterprises (2022)". The studying team builds a comprehensive appraisal system to evaluate the situation of CSR management and the level of CSR information disclosure. The research objects are Top 300 series enterprises in China, containing Top 300 Chinese enterprises, Top 100 state-owned enterprises (SOEs) , Top 100 private enterprises, Top 100 foreign-invested enterprises and key industries. Collecting the CSR information via their CSR reports, annual reports and official websites, we did an all-around research on their current CSR management and CSR information disclosure between 2021and 2022. The study found that the CSR development index of China's top 300 enterprises in 2022 was basically the same as that in 2021, and the overall index was still in the initial stage. The CSR development index of the top 100 State-owned enterprises is ahead of the top 100 foreign enterprises and top 100 private enterprises. From the perspective of responsibility sector, the score of the Responsibility Management Index of China's Top 300 enterprises has increased compared with 2021, but it is still at the two-star level and the start-up stage as a

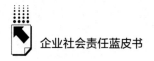

whole. Among the 15 sectors of high social concern, the power sector was the best performer.

The Sub Reports include 3 chapters, which are "The CSR Development Index of Top 100 SOEs in China (2022)", "The CSR Development Index of Top 100 Private Enterprises in China (2022)", "The CSR Development Index of Top 100 Foreign-invested Enterprises in China (2022)". Those 3 chapters explain the CSR development index and summarize the annual CSR characteristics. The study found that the scores of the responsibility management and responsibility Practice Index of the top 100 State-owned enterprises in 2022 were significantly ahead of the top 100 private enterprises and top 100 foreign enterprises.

Industry Report is a detailed interpretation of the industry social responsibility development index. The emphasis is laid on the analysis of 15 key industries with high social concern and great influence, which are the electric power, dairy food, military, building materials, food and beverage, power batteries, real estate, construction, coal, non-ferrous metals, automobile parts, mechanical equipment manufacturing, automobiles, steel, petrochemical industry. The report aims to reflect the level of social responsibility management and social responsibility information disclosure in various industries. The study found that among the 15 key industries, 9 industries are at the three-star level and 6 industries are at the two-star level.

The appendices present respectively the 2022 China top 300 enterprises social responsibility development index and the rankings, state-owned enterprise 100 strong social responsibility development index and rank, top 100 private enterprises social responsibility development index and the rankings, the foreign capital enterprise 100 strong social responsibility development index and the rankings, China top 300 enterprises liability management index and rank, 2020 ~ 2022 The CSR Development Index of China's top 300 enterprises, as well as the CSR development index and ranking of 15 key industries in 2022. At the same time, it briefly introduces the basic situation of talent construction, industry research, research on the social responsibility of central enterprises, research on the social responsibility of state-owned assets and state-owned enterprises, and the research achievements in recent years.

Keywords: Corporate Social Responsibility; Social Responsibility Development Index; Social Responsibility Management

目 录 ⤵

I 总报告

II 分报告

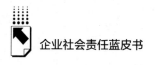
Ⅲ　行业报告

Ⅳ　附　录

皮书数据库阅读**使用指南**

CONTENTS ↰

I General Report

II Sub Reports

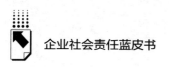
III Industry Report

IV Appendices

总　报　告
General Report

　　2009 年以来，课题组连续十四年编著"企业社会责任蓝皮书"，发布中国企业社会责任发展指数，评价中国企业年度社会责任管理状况和社会/环境信息披露水平，辨析中国企业社会责任发展的阶段性特征，为深入推进中国企业社会责任发展提供基准性参考。2022 年，课题组继续以"责任三角"理论为基础，对中国最大的 300 家企业进行独立、系统、深入的研究，促进中国企业社会责任高质量发展。

B.1
中国企业社会责任发展报告（2022）

摘　要： 本报告在"中国企业社会责任发展指数（2021）"指标评价体系的基础上，剔除抗击疫情、精准扶贫关键指标，对国有企业100强、民营企业100强、外资企业100强以及15个重点行业的社会责任发展水平进行评价，研究2021~2022年中国企业社会责任的最新进展，评价中国企业社会责任管理状况和社会/环境信息披露水平。研究发现，2022年中国企业300强社会责任发展指数为36.4分，与2021年基本持平，整体仍处于起步者阶段。国有企业100强社会责任发展指数领先于外资企业100强和民营企业100强。从责任板块来看，中国企业300强责任管理指数得分为29.1分，同比增长1.9分，但整体仍处于二星级水平、起步者阶段；责任实践指数得分为39.5分，与2021年基本持平，接近追赶者阶段。在责任实践板块中，本质责任指数优于社会责任和环境责任。分析责任议题发现，政府责任、股东责任、伙伴责任、绿色管理、社区责任、安全生产、绿色运营七个责任议题表现较好，达到三星级水平。

关键词： 企业社会责任　社会责任发展指数　责任管理指数

一　研究方法和技术路线

企业社会责任发展指数是对企业社会责任管理体系建设现状和社

会/环境信息披露水平进行评价的综合指数，根据评价对象不同可产生不同的指数分类，进而形成中国企业社会责任发展系列指数。

中国企业社会责任发展指数（2022）的研究路径如下：延续"责任三角"企业社会责任理论模型，参考企业社会责任管理"三步十法"体系，优化评价框架；参考 ISO 26000、SDGs 等国际社会责任倡议文件、国内社会责任倡议文件和世界 500 强企业社会责任报告指标，依据实质性和重要性，对责任议题下设的通用指标和行业指标进行优化升级；从企业社会责任报告、企业年报、企业单项报告①、企业官方网站、课题组调研等渠道收集企业 2021 年 8 月 1 日至 2022 年 7 月 31 日公开披露的社会责任信息；参考外部权威媒体新闻，补充收集企业社会责任管理重大创新、重大负面事件等信息；对企业社会责任信息进行内容分析和定量分析，得出企业社会责任发展指数得分（见图 1）。

（一）理论模型

本研究以"责任三角"理论模型为基础。该模型以责任管理为核心，以本质责任为顶端，以社会责任和环境责任为两大基石，构成了稳定的"责任三角"结构（见图 2）。责任管理评价维度依据企业社会责任管理"三步十法"体系构建，包括三个步骤及十项关键工作。其中，第一步是责任组织，包含责任治理、责任理念、责任规划、责任制度四项关键工作；第二步是责任融合，包含责任议题、责任流程②、责任绩效、责任能力四项关键工作；第三步是责任沟通，

---

① 企业单项报告包括企业公益报告、乡村振兴报告、海外报告、环境报告、员工报告、客户报告、供应链报告等针对特定相关方对外发布的报告。

② 责任流程是指企业确保责任议题在日常工作中得以落地的制度设计，通过将责任议题的具体要求嵌入工作流程，优化关键岗位的工作方式，切实提升履行社会责任的绩效。本研究在责任流程方面侧重于考察企业推动社会责任工作融入集团总部相关部门日常运营、推动社会责任管理与实践融入下属单位业务经营的具体表现。

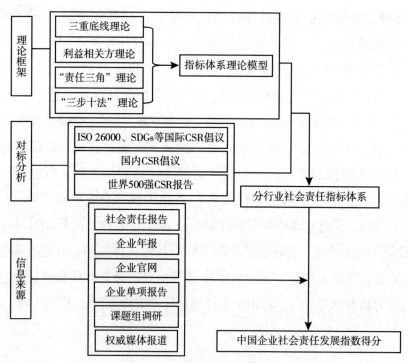

图1 中国企业社会责任发展指数研究路径

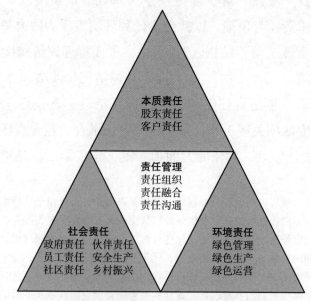

图2 "责任三角"理论模型

包含责任报告、利益相关方参与两项关键工作（见图3）。企业用其产品和服务创造社会价值、解决社会问题，并在此过程中获得经济回报，是最为本质的社会责任。本质责任包括股东责任、客户责任等内容；社会责任包括政府责任、伙伴责任、员工责任、安全生产、社区责任、乡村振兴等内容；环境责任包括绿色管理、绿色生产和绿色运营等内容。

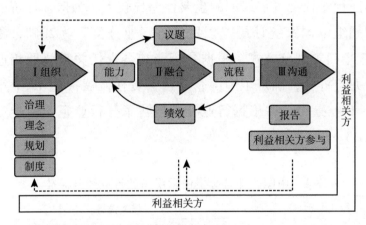

图3 企业社会责任管理"三步十法"理论模型

资料来源：彭华岗主编《企业社会责任基础教材》（第二版），华侨出版社，2019，第218页。

（二）指标体系

1. 对标分析

为使中国企业社会责任发展指数指标体系既遵从国际规范又符合中国实践，本研究参考了联合国可持续发展目标（SDGs）、国际标准化组织社会责任指南（ISO 26000）、全球报告倡议组织（GRI）可持续发展报告标准（GRI Standards）、道琼斯可持续发展指数等国际社会责任倡议文件和指标体系；参考了《关于中央企业履行社会责任的指导意见》、《关于国有企业更好履行社会责任的指导意见》、《中

共中央 国务院关于实施乡村振兴战略的意见》、GB/T 36000-2015《社会责任指南》、香港联合交易所《环境、社会及管治报告指引》、中国社会科学院《中国企业社会责任报告指南（CASS-CSR4.0）》及各分行业指南等国内社会责任倡议文件和指标体系；同时参考世界500强企业社会责任报告，借鉴行业关键指标。

2. 分行业的指标体系

不同行业社会责任议题的重要性差异较大，为保证评价的科学性，课题组以国家统计局"国民经济行业分类"为基础，参考证监会13个门类划分方式，根据各行业社会责任关键议题相近程度进行合并与拆分，确定了中国企业社会责任发展指数47个行业划分标准（见表1），并依据行业特性构建了分行业企业社会责任指标体系。

表1 中国企业社会责任发展指数行业划分标准

序号	行业类别	描述信息
1	农林牧渔业	指对各种农作物的种植活动、林产品种植、为了获得各种畜禽产品而从事的动物饲养活动、海洋动植物养殖业及农林牧渔相关服务业
2	煤炭开采与洗选业	对各种煤炭的开采、洗选、分级等生产活动，不包括煤制品的生产和煤炭勘探活动
3	石油和天然气开采业与加工业	主要包括天然原油和天然气开采、加工及炼焦，以及与石油和天然气开采和加工有关的服务活动
4	一般采矿业	主要包括黑色金属矿采选业、有色金属矿采选业、非金属矿采选业及对地热资源、矿泉水资源以及其他未列明的自然资源的开采活动
5	金属冶炼及压延加工业	包括黑色金属冶炼及压延加工业和有色金属冶炼及压延加工业等
6	金属制品业	包括结构性金属制品制造、金属工具制造、集装箱及金属包装容器制造、金属丝绳及其制品的制造、建筑或安全用金属制品制造、金属表面处理及热处理加工、不锈钢及类似日用金属制品制造等

序号	行业类别	描述信息
7	非金属矿物制品业	包括水泥制造业、水泥制品和石棉水泥制品业、砖瓦/石灰和轻质建筑材料制造业、玻璃及玻璃制品业、陶瓷制品业、耐火材料制品业、石墨及碳素制品业、矿物纤维及制品业以及砂轮/油石/砂布/砂纸/金刚砂等磨具/磨料的制造、晶体材料的生产等
8	工业化学品制造业	包括基础化学原料制造、肥料制造、农药制造、涂料油墨颜料制造、合成材料制造、专用化学品制造等
9	日用化学品制造业	包括肥皂及合成洗涤剂制造、化妆品制造、口腔清洁用品制造、香料及香精制造等
10	机械设备制造业	包括普通机械制造业和专用设备制造业等
11	交通运输设备制造业	包括铁路运输设备制造业、汽车制造业、摩托车制造业、自行车制造业、电车制造业、船舶制造业以及航空航天器制造业等
12	通信设备制造业	指用于工控环境的有线通信设备和无线通信设备制造等
13	家用电器制造业	又称民用电器制造、日用电器制造,包括制冷电器制造、空调器制造、清洁电器制造、厨房电器制造、整容保健电器制造、声像电器制造等
14	电子产品及电子元件制造业	包括电子元件及组件制造和印制电路板制造等
15	计算机及相关设备制造业	包括电子计算机整机制造、电子计算机网络设备制造和电子计算机外部设备制造等
16	特种设备制造业	主要指生产和销售军事相关技术和设备等
17	电力生产业	按照生产形式,可分为火力发电、水力发电、核力发电和其他能源发电等
18	电力供应业	指利用电网出售给用户电能的输送、分配与供电等活动
19	食品饮料业	指从事食品和饮料加工生产的行业,主要包括三大类:农副食品加工、食品制造以及饮料制造
20	酒精及饮料酒制造业	指用玉米、小麦、薯类等淀粉质原料或用糖蜜等含糖质原料,经蒸煮、糖化、发酵及蒸馏等工艺制成的酒精产品的生产以及白酒、啤酒、葡萄酒等酒类的生产业
21	纺织业	指利用棉花、羊绒、羊毛、蚕茧丝、化学纤维、羽毛羽绒等从事棉纺织、化纤、麻纺织、毛纺织、丝绸、纺织品针织行业、印染业等

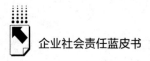

续表

序号	行业类别	描述信息
22	服装鞋帽制造业	包括纺织服装制造、纺织面料鞋的制造和制帽业等
23	木材家具制造业	包括木材加工及木、竹、藤、棕、草制品业和家具制造业
24	医药生物制造业	包括五大类:化学药品原药制造业、化学药品制剂制造业、中药材及中成药加工业、动物药品制造业及生物制品业
25	造纸及纸制品业	包括纸浆制造、造纸与纸制品制造,纸浆制造指经机械或化学方法加工纸浆的生产活动
26	印刷业	指从事出版物、包装装潢印刷品和其他印刷品的印刷经营活动
27	废弃资源及废旧材料回收加工业	指从各种废料[包括固体废料、废水(液)、废气等]中回收,并使之便于转化为新的原材料的再加工处理活动
28	建筑业	指专门从事土木工程、房屋建设和设备安装以及工程勘察设计工作的生产部门
29	交通运输服务业	包括铁路运输业、道路运输业、城市公共交通业、水上运输业、航空运输业、寄递服务等六大领域,涉及客运和物流两大类别
30	互联网服务业	指网络公司通过互联网为客户提供信息的服务
31	零售业	指百货商店、超级市场、专门零售商店、品牌专卖店、售货摊等主要面向最终消费者(如居民等)的销售活动
32	批发贸易业	指批发商向批发、零售单位及其他企业、事业、机关批量销售生活用品和生产资料的活动以及从事进出口贸易和贸易经纪与代理的活动
33	通信服务业	指通过电缆、光缆、无线电波、光波等传输的通信服务,主要包括固定电信业务、移动电信业务和其他电信业务
34	计算机服务业	为满足使用计算机或信息处理的有关需要而提供软件和服务的行业,包括处理服务、软件产品、专业服务和统合系统等方面,以及计算机和有关设备的租赁、修理和维护等
35	银行业	包括三部分:中央银行、商业银行和其他银行
36	保险业	包括人身保险业、财产保险业、再保险业和其他保险业
37	证券、期货、基金等其他金融业	包括证券期货业、金融信托业、基金业、互联网金融平台及其他金融业
38	餐饮业	指在一定场所,对食物进行现场烹饪、调制,并出售给顾客主要供现场消费的服务活动的行业,主要包括四大类:正餐服务、快餐服务、饮料及冷饮服务、其他餐饮服务

续表

序号	行业类别	描述信息
39	酒店业	指从事有偿为顾客提供临时住宿的服务活动的行业,主要包括两大类:旅游饭店、一般旅馆
40	旅游业	指凭借旅游资源和设施,专门或者主要从事招徕、接待游客,为其提供交通、游览、住宿、餐饮、购物、文娱等六个环节的综合性行业
41	房地产开发业	指房地产开发企业进行的基础设施建设、房屋建设,并转让房地产开发项目或者销售、出租商品房的活动
42	房地产服务业	指为房地产经纪活动提供信息咨询、研究、培训、软件和网络等,包括物业管理、房地产中介和其他房地产服务
43	水的生产和供应业	包括自来水的生产和供应、污水处理及其再生利用以及其他水的处理、利用与分配三个方面
44	燃气的生产和供应业	指利用煤炭、油、燃气等能源生产燃气,或外购液化石油气、天然气等燃气,并进行输配,向用户销售燃气的活动,以及对煤气、液化石油气、天然气输配及使用过程中的维修和管理活动,但不包括专门从事罐装液化石油气零售业务的活动
45	文化娱乐业	包括新闻出版业、广播电视电影和音像业、文化艺术业和娱乐业等
46	一般制造业	指不包括以上制造业的普通制造业
47	一般服务业	指不包括以上服务业的普通服务业

3. 指标体系

课题组针对企业社会责任通用议题构建了通用议题评价指标,并结合行业特色社会责任议题,构建了分行业社会责任评价指标体系,最终形成中国企业社会责任发展指数（2022）"通用指标+行业特色指标"的评价指标体系（见表2）。

表2　中国企业社会责任发展指数通用指标体系（2022）

一级指标	二级指标	三级指标(部分)
责任管理	责任组织	①责任理念;②责任治理;③责任规划;④责任制度
	责任融合	①责任议题;②责任流程;③责任绩效;④责任能力
	责任沟通	①责任报告;②利益相关方参与

一级指标	二级指标	三级指标（部分）
本质责任	股东责任	①营业收入；②净利润；③资产负债率
	客户责任	①产品/质量管理体系；②研发投入；③客户信息保护
社会责任	政府责任	①纳税总额；②带动就业人数；③政策响应
	伙伴责任	①责任采购；②知识产权保护；③公平运营
	员工责任	①劳动合同签订率；②社会保险覆盖率；③员工培训绩效；④员工帮扶投入
	安全生产	①安全生产管理体系；②安全生产培训；③安全生产绩效
	社区责任	①公益方针或主要公益领域；②捐赠总额；③员工志愿者人次
	乡村振兴	①乡村振兴规划；②建立乡村振兴组织体系；③年度乡村帮扶资金及物资投入；④设立乡村帮扶产业基金；⑤产业乡村帮扶项目类型；⑥帮扶人口数
环境责任	绿色管理	①环境管理体系；②环保投入；③环保培训
	绿色生产	①全年能源消耗总量或减少量；②清洁能源使用量；③"三废"排放量；④温室气体排放量
	绿色运营	①绿色办公绩效；②环保公益活动

4. 指标赋权与评分

中国企业社会责任发展指数的赋值和评分共分为六个步骤。

（1）根据各行业指标体系中各项企业社会责任内容的相对重要性，运用层次分析法确定责任管理、本质责任、社会责任、环境责任板块的权重。

（2）根据不同行业的实质性和重要性，为每大类责任议题以及每一议题包含的具体指标赋权。

（3）根据企业社会责任管理现状和社会/环境信息披露的情况，给出各项责任板块下具体指标得分[①]。

---

① 评分标准是：管理类指标，如果从企业公开渠道、课题组调研获取的信息中能够说明企业已经建立相关体系或开展相关工作，就给分，否则，该项指标不得分；绩效类指标，如果从企业公开信息中能够说明企业已经建立了相关体系或披露了相关绩效数据，就给分，否则，该项指标不得分。各项指标得分之和就是该项责任板块的得分。

（4）根据权重和各项责任板块的得分，计算企业在所属行业下社会责任发展指数的初始得分。计算公式为：企业社会责任发展指数初始得分 $\sum_{j=1,2,3,4} A_j \times W_j$，其中，$A_j$ 为企业某社会责任板块得分，W_j 为该项责任板块的权重。

（5）初始得分加上调整项得分就是企业在所属行业下的社会责任发展指数得分。调整项得分包括企业社会责任相关奖项的奖励分、企业社会责任管理的创新实践加分，以及年度重大社会责任缺失扣分项。

（6）如果企业的经营范围为单一行业，则所属行业下的社会责任发展指数得分就是该企业的社会责任发展指数最终得分。如果企业被确定为混业经营，则该企业的社会责任发展指数最终得分 $= \sum_{j=1,\cdots,k} B_j \times I_j$，其中，$B_j$ 为企业在某行业下的社会责任发展指数得分，I_j 为该行业的权重。各行业权重按照行业的社会责任敏感度设定，跨两个行业的企业，按照"6：4"原则赋权，社会责任敏感度较高的行业权重为60%，敏感度较低的行业权重为40%；跨三个行业的企业，按照"5：3：2"原则赋权，社会责任敏感度最高的行业权重为50%，其次为30%，最后为20%。[①]

（三）评价样本

中国企业300强社会责任发展指数评价对象的选取参考了2022《财富》世界500强榜单，中国企业联合会、中国企业家协会"2022中国企业500强榜单"，全国工商联"2022中国民营企业500强榜单"，并综合考虑企业营业收入、行业属性、股权分布、业务经营深度、影响力与知名度等因素，最终确定了在中国规

---

① 社会责任敏感度主要从环境敏感度、客户敏感度考察，耗能大、污染多的行业环境敏感度较高；与大量消费者直接接触的行业客户敏感度较高。

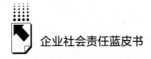

模巨大、责任重大的 100 家国有企业、100 家民营企业以及 100 家外资企业。

（四）数据来源

中国企业社会责任发展指数的评价信息主要来自企业自愿披露的社会/环境信息。这些信息应该满足主动性、公开性、实质性及时效性四大基本原则。

本年度报告的信息收集截止日期为 2022 年 7 月 31 日。如果企业在此之前公开发布了 2021 年社会责任报告、2021 年企业年度报告和企业单项报告，则纳入信息采集范围。企业官方网站的信息采集区间为 2021 年 8 月 1 日至 2022 年 7 月 31 日发布的消息。社会责任管理体系的信息部分来源于课题组对企业的调研。为综合评价企业社会责任履行情况，课题组还从新华网、人民网等权威媒体和政府网站收集企业的责任缺失行为和负面信息的相关报道。

综上，本研究的信息来源为：2021 年企业社会责任报告①、2021年企业年报、企业专项报告、企业官方网站、课题组调研及权威媒体新闻报道。

（五）星级划分

为直观反映企业社会责任管理现状和信息披露水平，课题组根据企业社会责任发展的阶段特征，将企业年度社会责任发展指数进行星级分类，分别为五星级、四星级、三星级、二星级和一星级，分别对应卓越者、领先者、追赶者、起步者和旁观者五个发展阶段，各类企业对应的社会责任发展指数星级水平和企业社会责任发展特征见表3。

---

① 企业社会责任报告是企业非财务报告的统称，包括可持续发展报告、企业公民报告、企业社会责任报告等。

表 3　企业社会责任发展类型

序号	星级水平	得分区间	发展阶段	企业特征
1	五星级（★★★★★）	80分及以上	卓越者	企业建立了完善的社会责任管理体系，社会责任信息披露完整，是我国企业社会责任的卓越者
2	四星级（★★★★）	60~80分	领先者	企业基本建立了社会责任管理体系，社会责任信息披露较为完整，是我国企业社会责任的先行者
3	三星级（★★★）	40~60分	追赶者	企业开始推动社会责任管理工作，社会责任披露基本完善，是社会责任领先企业的追赶者
4	二星级（★★）	20~40分	起步者	企业社会责任工作刚刚"起步"，尚未建立系统的社会责任管理体系，社会责任信息披露也较为零散、片面，与领先者和追赶者有着较大的差距
5	一星级（★）	20分以下	旁观者	企业尚未开展社会责任工作，企业社会责任信息披露严重不足

（六）中国企业社会责任发展系列指数

中国企业社会责任发展指数（2022）以企业性质、责任板块、所在行业为划分标准，形成了包括"国有企业100强社会责任发展指数""民营企业100强社会责任发展指数""外资企业100强社会责任发展指数""中国企业300强责任管理指数""重点行业社会责任发展指数"5个分类指数（见表4）。

表 4　中国企业社会责任发展指数系列

	指数分类	指数名称
中国企业社会责任发展指数系列	按企业性质划分	国有企业100强社会责任发展指数
		民营企业100强社会责任发展指数
		外资企业100强社会责任发展指数
	按责任板块划分	中国企业300强责任管理指数
	按所在行业划分	重点行业社会责任发展指数

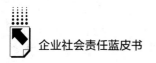

二 中国企业300强社会责任发展指数排名（2022）

表5 中国企业300强社会责任发展指数排名（2022）

单位：分

排名	企业名称	企业性质	行业	社会责任发展指数
★★★★★				
1	华润(集团)有限公司	中央企业	混业(电力生产业;酒精及饮料酒制造业;房地产业)	92.8
2	三星（中国）投资有限公司	外资企业	混业(电子产品及电子元件制造业;通信设备制造业)	90.3
3	现代汽车集团(中国)	外资企业	交通运输设备制造业	86.8
4	中国石油化工集团有限公司	中央企业	石油和天然气开采业与加工业	86.0
5	中国建材集团有限公司	中央企业	非金属矿物制品业	85.9
6	中国华电集团有限公司	中央企业	电力生产业	85.3
7	国家开发投资集团有限公司	中央企业	混业(电力生产业;一般采矿业;交通运输服务业)	84.8
8	东风汽车集团有限公司	中央企业	交通运输设备制造业	84.4
9	国家电网有限公司	中央企业	电力供应业	84.2
9	中国南方电网有限责任公司	中央企业	电力供应业	84.2
11	中国宝武钢铁集团有限公司	中央企业	金属冶炼及压延加工业	84.1
11	国家能源投资集团有限责任公司	中央企业	混业(煤炭开采与洗选业;电力生产业)	84.1
13	中国第一汽车集团有限公司	中央企业	交通运输设备制造业	84.0
14	中国铝业集团有限公司	中央企业	混业(金属冶炼及压延加工业;一般采矿业;批发贸易业)	83.8
15	中国移动通信集团有限公司	中央企业	通信服务业	82.0

续表

排名	企业名称	企业性质	行业	社会责任发展指数
16	中国电力建设集团有限公司	中央企业	混业（建筑业；机械设备制造业）	81.8
★ ★ ★ ★				
17	中国交通建设集团有限公司	中央企业	建筑业	80.0
17	松下电器中国东北亚公司	外资企业	混业（电子产品及电子元件制造业；家用电器制造业）	80.0
17	中国LG	外资企业	混业（电子产品及电子元件制造业；家用电器制造业、工业化学品制造业）	80.0
20	浦项（中国）投资有限公司	外资企业	金属冶炼及压延加工业	78.9
21	华为投资控股有限公司	民营企业	通信设备制造业	78.5
22	中国电信集团有限公司	中央企业	通信服务业	78.4
22	中国建筑集团有限公司	中央企业	建筑业	78.4
24	腾讯控股有限公司	民营企业	互联网服务业	78.3
24	中国华能集团有限公司	中央企业	电力生产业	78.3
26	中国旅游集团有限公司［香港中旅（集团）有限公司]	中央企业	旅游业	78.2
27	中国联合网络通信集团有限公司	中央企业	通信服务业	78.1
28	内蒙古伊利实业集团股份有限公司	民营企业	食品饮料业	77.8
29	新兴际华集团有限公司	中央企业	金属冶炼及压延加工业	77.0
29	中国节能环保集团有限公司	中央企业	废弃资源及废旧材料回收加工业	77.0
31	台达	外资企业	电子产品及电子元件制造业	75.8
31	苹果公司	外资企业	电子产品及电子元件制造业	75.8
33	中国盐业集团有限公司	中央企业	混业（食品饮料业；工业化学品制造业）	75.4

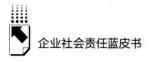

续表

排名	企业名称	企业性质	行业	社会责任发展指数
34	中国民生银行股份有限公司	民营企业	银行业	75.3
35	SK中国	外资企业	混业(工业化学品制造业、电子产品及电子元件制造业、交通运输服务业)	74.5
35	LG化学(中国)投资有限公司	外资企业	混业(石油和天然气开采业与加工业;电子产品及电子元件制造业;医药生物制造业)	74.5
37	北京控股集团有限公司	其他国有企业	混业(环保产业;公用事业和基础设施;酒精及饮料酒制造业)	74.4
38	中国石油天然气集团有限公司	中央企业	石油和天然气开采业与加工业	74.3
39	中国长江三峡集团有限公司	中央企业	电力生产业	74.2
40	中国黄金集团有限公司	中央企业	一般采矿业	74.1
41	珠海华发集团有限公司	其他国有企业	一般服务业	73.6
42	中国一重集团有限公司	中央企业	机械设备制造业	73.3
43	阿里巴巴集团控股有限公司	民营企业	互联网服务业	69.9
44	中国有色矿业集团有限公司	中央企业	混业(一般采矿业;金属冶炼及压延加工业;建筑业)	68.6
45	华侨城集团有限公司	中央企业	混业(文化娱乐业;旅游业;房地产开发业;电子产品及电子元件制造业)	68.2
46	中粮集团有限公司	中央企业	混业(食品饮料业;房地产开发业;批发贸易业)	68.0
47	国家电力投资集团有限公司	中央企业	电力生产业	67.8
48	蚂蚁科技集团股份有限公司	民营企业	互联网服务业	67.7
49	新城控股集团股份有限公司	民营企业	房地产开发业	67.3

续表

排名	企业名称	企业性质	行业	社会责任发展指数
50	复星国际有限公司	民营企业	混业（医药生物制造业；旅游业；文化娱乐业）	65.7
51	SK 海力士	外资企业	电子产品及电子元件制造业	65.6
52	浙江吉利控股集团有限公司	民营企业	交通运输设备制造业	65.3
53	中国绿发投资集团有限公司	中央企业	电力生产业	65.0
54	中国南方航空集团有限公司	中央企业	交通运输服务业	64.5
55	中国大唐集团有限公司	中央企业	电力生产业	64.4
55	TCL 集团股份有限公司	民营企业	家用电器制造业	64.4
57	中国中煤能源集团有限公司	中央企业	煤炭开采与洗选业	64.1
58	碧桂园控股有限公司	民营企业	房地产开发业	63.5
58	温氏食品集团股份有限公司	民营企业	农林牧渔业	63.5
60	佳能（中国）有限公司	外资企业	混业（电子产品及电子元件制造业；计算机及相关设备制造业；计算机服务业）	63.4
61	台积电	外资企业	电子产品及电子元件制造业	62.5
62	北京京东世纪贸易有限公司	民营企业	互联网服务业	62.0
63	中国通用技术（集团）控股有限责任公司	中央企业	混业（机械设备制造业；医药生物制造业；批发贸易业）	61.7
64	中国铁道建筑集团有限公司	中央企业	建筑业	60.6
64	中国远洋海运集团有限公司	中央企业	交通运输服务业	60.6
66	鞍钢集团有限公司	中央企业	金属冶炼及压延加工业	60.5
67	中国东方航空集团有限公司	中央企业	交通运输服务业	60.4
68	龙湖集团控股有限公司	民营企业	房地产开发业	60.1

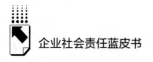

续表

排名	企业名称	企业性质	行业	社会责任发展指数
68	中国太平洋保险(集团)股份有限公司	国有金融企业	保险业	60.1
★★★				
70	万科企业股份有限公司	民营企业	房地产开发业	59.9
71	中国国际海运集装箱(集团)股份有限公司	其他国有企业	机械设备制造业	59.4
72	中兴通讯股份有限公司	民营企业	通信设备制造业	59.2
73	通威集团有限公司	民营企业	农林牧渔业	58.9
73	中国国际技术智力合作集团有限公司	中央企业	一般服务业	58.9
75	唯品会(中国)有限公司	民营企业	零售业	58.8
76	中国东方电气集团有限公司	中央企业	机械设备制造业	58.3
77	广州网易计算机系统有限公司	民营企业	互联网服务业	57.8
78	中国铁路工程集团有限公司	中央企业	建筑业	57.7
79	华夏银行股份有限公司	民营企业	银行业	57.0
79	上海汽车集团股份有限公司	其他国有企业	交通运输设备制造业	57.0
81	中国海洋石油集团有限公司	中央企业	石油和天然气开采业与加工业	56.9
82	哈尔滨电气集团有限公司	中央企业	机械设备制造业	56.8
83	中国建设银行股份有限公司	国有金融企业	银行业	56.3
84	交通银行股份有限公司	国有金融企业	银行业	55.9
85	中国人寿保险(集团)公司	国有金融企业	保险业	55.8
86	比亚迪股份有限公司	民营企业	交通运输设备制造业	55.7
87	新奥集团股份有限公司	民营企业	燃气的生产和供应业	55.6
88	中国农业银行股份有限公司	国有金融企业	银行业	55.2

续表

排名	企业名称	企业性质	行业	社会责任发展指数
89	北京三快科技有限公司	民营企业	互联网服务业	53.8
89	兴业银行股份有限公司	民营企业	银行业	53.8
91	五粮液集团有限公司	其他国有企业	食品饮料业	53.7
92	海尔集团公司	民营企业	家用电器制造业	52.8
93	招商银行股份有限公司	国有金融企业	银行业	52.6
94	百度股份有限公司	民营企业	互联网服务业	52.4
95	中国机械工业集团有限公司	中央企业	混业（机械设备制造业；建筑业；批发贸易业）	52.2
96	物产中大集团股份有限公司	其他国有企业	批发贸易业	51.6
97	顺丰控股股份有限公司	民营企业	交通运输服务业	51.2
98	联想控股股份有限公司	民营企业	电子产品及电子元件制造业	50.7
99	招商局集团有限公司	中央企业	混业（交通运输服务业；房地产开发业；银行业）	50.3
100	中国电子信息产业集团有限公司	中央企业	电子产品及电子元件制造业	49.6
100	中国能源建设集团有限公司	中央企业	建筑业	49.6
100	铜陵有色金属集团控股有限公司	其他国有企业	金属冶炼及压延加工业	49.6

注：该榜单仅展示前 100 名企业得分情况。

三　中国企业300强社会责任发展阶段性特征（2022）

（一）中国企业300强社会责任发展指数为36.4分，整体处于起步者阶段

2009 年以来，中国企业社会责任发展指数经历了从旁观到起步的发展历程。2009 年，中国企业 300 强社会责任发展指数仅为 15.2

分，处于旁观者阶段；2012 年达 23.1 分，进入起步者阶段；2017 年，进入发展高峰，达 37.4 分；2018～2019 年，因课题组对评价指标进行优化，以更加严格的标准评价企业社会责任管理和信息披露现状，中国企业社会责任发展指数经历了短暂的下滑；2020 年，在经过两年短暂下滑后，再度回升，达 36.0 分；2021～2022 年，中国企业 300 强社会责任发展指数保持稳定，分别为 36.1 分、36.4 分，整体仍处于起步者阶段（见图 4）。

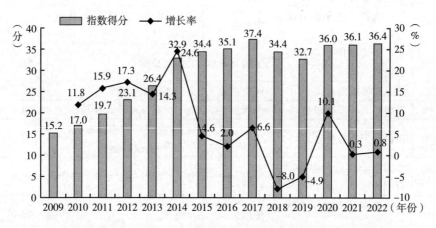

图 4　2009～2022 年中国企业 300 强社会责任发展指数

（二）超四成半企业社会责任发展指数达到三星级及以上水平，124 家企业仍在"旁观"

2022 年，中国企业 300 强社会责任发展指数达到五星级水平的企业有 16 家，处于卓越者阶段，较 2021 年增加 45.5%；有 53 家企业社会责任发展指数达到四星级水平，处于领先者阶段；有 72 家企业社会责任发展指数达到三星级水平，处于追赶者阶段；社会责任发展指数为二星级水平、处于起步者阶段的企业有 35 家；社会责任发展指数为一星级水平、处于旁观者阶段的企业数量最多，有 124 家（见图 5）。

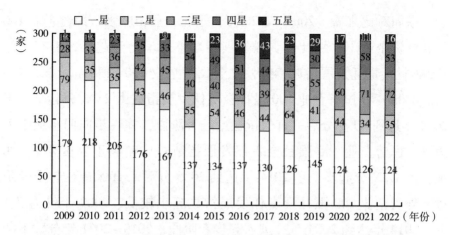

图 5　2009~2022 年中国企业 300 强社会责任发展指数星级分布

纵向对比来看，2010 年以来，社会责任发展指数为一星级水平的企业数量整体呈现下降趋势，由 2010 年 218 家下降至 2022 年 124 家；社会责任发展指数为四星级及以上水平的企业数量由 2010 年 14 家上升至 2022 年 69 家。由此可见，随着党和国家对社会责任的日益重视及社会环境的快速变迁，越来越多的企业在注重自身经营发展的同时，更加注重履行社会责任，重视建立健全社会责任管理体系，提升社会责任信息披露水平。

（三）国有企业100强社会责任发展指数连续14年领先于民营企业100强和外资企业100强

2022 年，国有企业 100 强和外资企业 100 强社会责任发展指数均有所上升，民营企业 100 强社会责任发展指数出现小幅回落。其中，国有企业 100 强社会责任发展指数得分最高，为 55.5 分，较 2021 年相比无明显变化；民营企业 100 强次之，为 33.4 分，降低 0.3 分；外资企业 100 强得分最低，为 20.2 分，上升1.1 分。

纵向对比来看，2009~2022年，国有企业100强、民营企业100强和外资企业100强社会责任发展指数整体呈上升趋势，国有企业100强社会责任发展指数持续领先于民营企业100强和外资企业100强。2009年，国有企业100强社会责任发展指数由25.6分起步，于2012年达到40.9分后一直保持在追赶者阶段，并逐步向四星级水平迈进。民营企业100强社会责任发展指数总体略高于外资企业100强，由12.9分起步，于2014年达到20.5分后一直保持在起步者阶段。外资企业100强社会责任发展指数起步较低，2009年仅为7.1分，2014年达到26.4分，进入起步者阶段，2019~2021年分数不断波动，2019年、2021年落入旁观者阶段，2022年再次迈入起步者阶段（见图6）。

图6 2009~2022年中国企业300强社会责任发展指数

（四）中国企业300强责任管理指数为29.1分，17家企业达到五星级水平，超五成企业处于旁观者阶段

2022年，中国企业300强责任管理指数得分为29.1分，为二星级水平，处于起步者阶段，较2021年提升1.9分。其中，中国宝武、

华润集团、国投、中国华电、中国三星、东风汽车、中国移动等 17 家企业责任管理指数达到五星级水平，处于卓越者阶段；29 家企业责任管理指数达到四星级水平，处于领先者阶段；65 家企业责任管理指数达到三星级水平，处于追赶者阶段；责任管理指数为二星级水平、处于起步者阶段的企业有 42 家；责任管理指数为一星级水平、处于旁观者阶段的企业数量最多，有 147 家，其中有 24 家企业责任管理指数得分为 0.0 分，未主动披露任何责任管理相关信息（见图 7）。

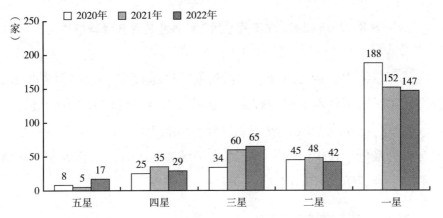

图 7　2020~2022 年中国企业 300 强责任管理指数星级分布

从不同性质企业来看，2022 年，国有企业 100 强责任管理指数得分最高，为 46.3 分，较 2021 年增长 3.9 分，处于追赶者阶段；民营企业 100 强责任管理指数得分为 26.0 分，较 2021 年增加 0.7 分；外资企业 100 强责任管理指数得分为 15.0 分，较 2021 年增加 1.0 分，仍处于旁观者阶段（见图 8）。总体来看，国有企业 100 强、民营企业 100 强、外资企业 100 强责任管理指数 2022 年均有不同程度增长，其中国有企业 100 强增幅最大；国有企业 100 强责任管理指数大幅领先于民营企业 100 强和外资企业 100 强。

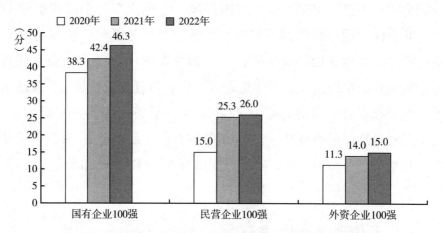

图8 2020~2022年不同性质100强企业责任管理指数

从责任组织、责任融合、责任沟通三个维度来看，中国企业300强责任组织和责任沟通得分较高，分别为33.0分和31.7分，处于二星级水平、起步者阶段，较2021年分别增加1.8分和1.3分；责任融合得分最低，仅16.2分，较2021年增加3.4分，但仍处于一星级水平、旁观者阶段（见图9）。

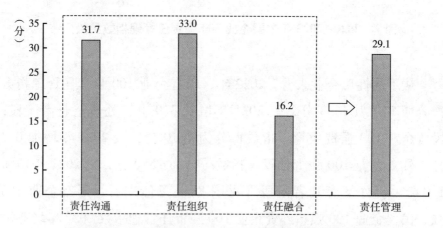

图9 2022年中国企业300强责任管理指数结构特征

纵向对比来看，2009~2022 年始终为中国企业 300 强研究对象的企业中，有 34 家企业连续 14 年均发布社会责任报告，并将发布社会责任报告作为责任沟通的重要手段。具体来看，国有企业 24 家、民营企业 7 家、外资企业 3 家（见表 6）。

表 6　连续 14 年发布社会责任报告的企业

单位：分

序号	企业名称	企业性质	行业	2022 社会责任发展指数
1	华润（集团）有限公司	中央企业	混业（电力生产业；酒精及饮料酒制造业；房地产业）	92.8
2	三星（中国）投资有限公司	外资企业	混业（电子产品及电子元件制造业；通信设备制造业）	90.3
3	中国石油化工集团有限公司	中央企业	石油和天然气开采业与加工业	86.0
4	中国华电集团有限公司	中央企业	电力生产业	85.3
5	东风汽车集团有限公司	中央企业	交通运输设备制造业	84.4
6	国家电网有限公司	中央企业	电力供应业	84.2
6	中国南方电网有限责任公司	中央企业	电力供应业	84.2
8	中国铝业集团有限公司	中央企业	混业（金属冶炼及压延加工业；一般采矿业；批发贸易业）	83.8
9	中国移动通信集团有限公司	中央企业	通信服务业	82.0
10	中国交通建设集团有限公司	中央企业	建筑业	80.0
11	华为投资控股有限公司	民营企业	通信设备制造业	78.5
12	中国建筑集团有限公司	中央企业	建筑业	78.4

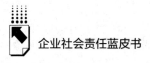

续表

序号	企业名称	企业性质	行业	2022 社会责任发展指数
13	中国华能集团有限公司	中央企业	电力生产业	78.3
14	中国联合网络通信集团有限公司	中央企业	通信服务业	78.1
15	中国民生银行股份有限公司	民营企业	银行业	75.3
16	中国石油天然气集团有限公司	中央企业	石油和天然气开采业与加工业	74.3
17	中国南方航空集团有限公司	中央企业	交通运输服务业	64.5
18	中国大唐集团有限公司	中央企业	电力生产业	64.4
19	中国东方航空集团有限公司	中央企业	交通运输服务业	60.4
20	中兴通讯股份有限公司	民营企业	通信设备制造业	59.2
21	上海汽车集团股份有限公司	其他国有企业	交通运输设备制造业	57.0
22	中国海洋石油集团有限公司	中央企业	石油和天然气开采业与加工业	56.9
23	中国建设银行股份有限公司	国有金融企业	银行业	56.3
24	交通银行股份有限公司	国有金融企业	银行业	55.9
25	中国农业银行股份有限公司	国有金融企业	银行业	55.2
26	兴业银行股份有限公司	民营企业	银行业	53.8

序号	企业名称	企业性质	行业	2022社会责任发展指数
27	中国银行股份有限公司	国有金融企业	银行业	49.0
28	苏宁易购集团股份有限公司	民营企业	零售业	48.4
29	中国工商银行股份有限公司	国有金融企业	银行业	47.1
30	中国人民保险集团股份有限公司	国有金融企业	保险业	44.1
31	中国平安保险（集团）股份有限公司	民营企业	保险业	42.0
32	索尼（中国）有限公司	外资企业	混业（电子产品及电子元件制造业；家用电器制造业）	41.3
33	巴斯夫（中国）有限公司	外资企业	工业化学品制造业	31.3
34	美的集团股份有限公司	民营企业	家用电器制造业	29.0

（五）中国企业300强责任实践表现优于责任管理，本质责任指数高于社会责任和环境责任指数

2022年，中国企业300强责任实践指数得分为39.5分，为二星级水平，处于起步者阶段。其中，25家企业责任实践指数达到五星级水平，处于卓越者阶段；65家企业责任实践指数达到四星级水平，处于领先者阶段；54家企业责任实践指数达到三星级水平，处于追赶者阶段；责任实践指数为二星级水平、处于起步者阶段的企业有46家；责任实践指数在一星级水平的企业数量最多，有110家（见图10）。

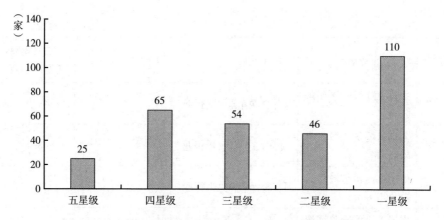

图 10　2022 年中国企业 300 强责任实践指数星级分布

2022 年，中国企业 300 强责任实践指数（39.5 分）依然领先于责任管理指数（29.1 分）。在责任实践包含的三个板块中，本质责任指数（41.3 分）得分最高，社会责任指数（40.9 分）次之，环境责任指数（36.6 分）得分最低（见图 11）。

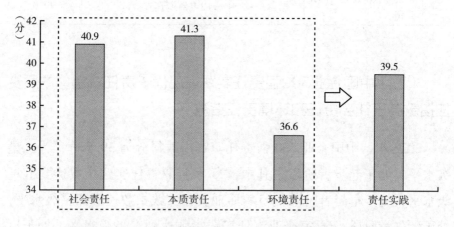

图 11　2022 年中国企业 300 强责任实践指数结构特征

从不同性质企业来看，2022 年国有企业 100 强、民营企业 100 强责任实践指数得分同比均有所回落，外资企业 100 强责任实践指数得分同比有所增长。其中，国有企业 100 强责任实践指数得分最高，为 59.5 分，回落至追赶者阶段；民营企业 100 强次之，为 36.5 分，较 2021 年降低 0.8 分；外资企业 100 强得分最低，为 22.5 分，较 2021 年上升 1.2 分，处于起步者阶段（见图 12）。

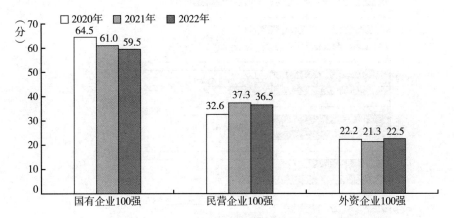

图 12　2020～2022 年不同性质 100 强企业责任实践指数

（六）国有企业100强各项责任议题指数得分大幅领先于民营企业和外资企业

从具体责任议题来看，中国企业 300 强在政府责任（54.4 分）、股东责任（51.1 分）、伙伴责任（50.9 分）、绿色管理（47.6 分）、社区责任（43.3 分）、安全生产（42.0 分）、绿色运营（41.6 分）七个维度均达到三星级水平，处于追赶者阶段；客户责任（37.0 分）、绿色生产（21.9 分）、员工责任（34.7 分）三个维度达到二星级水平，处于起步者阶段；乡村振兴（18.5 分）为一星级水平，处于旁观者阶段（见图 13）。

从不同性质企业来看，国有企业 100 强在各项责任议题上的表现整体优于民营企业 100 强和外资企业 100 强，且国有企业和民营企业的责任议题披露重点基本相同。具体来看，国有企业 100 强和民营企

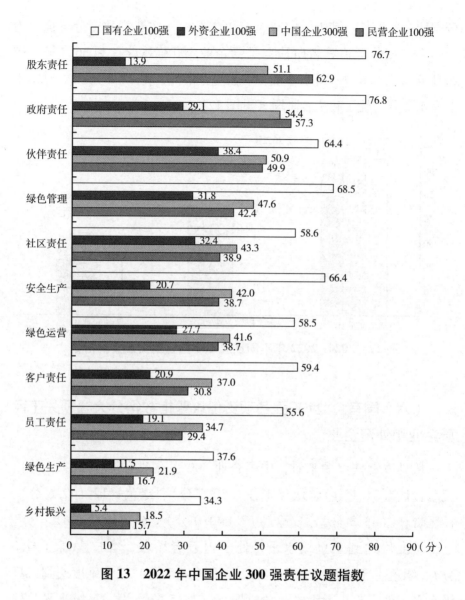

图13　2022年中国企业300强责任议题指数

业100强都倾向于披露政府责任、股东责任等方面的信息，而外资企业100强更加注重伙伴责任、社区责任、绿色管理、绿色运营等议题信息的披露。

（七）电力行业社会责任发展指数表现最佳，石油化工行业表现最差

2022 年，课题组选取了 15 个社会关注度高，对经济、社会、环境影响较大的行业/领域进行重点行业社会责任发展指数分析。研究发现，电力行业社会责任发展指数最高，为 58.0 分，与乳制品行业、军工行业、建材行业、食品饮料行业、动力电池行业、房地产行业、建筑行业、煤炭行业一同处于三星级水平、追赶者阶段；有色金属行业、汽车零部件行业、机械设备制造业、汽车行业、钢铁行业、石油化工行业 6 个行业社会责任发展指数均处于二星级水平。其中，石油化工行业社会责任发展指数最低，为 24.6 分（见图 14）。

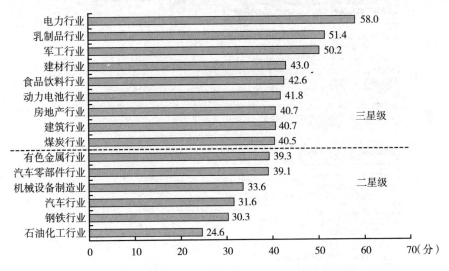

图 14　2022 年重点行业社会责任发展指数排名

2009~2022 年，共有 6 个重点行业连续十四年被列为社会责任发展指数重点关注行业。电力行业表现最佳，持续领先；石油化工行业虽然在 2015 年达到峰值，但在 2019 年降幅较大，2020 年略有回升，2021 年再度

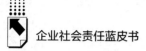
下降，2022年小幅上升；机械设备制造业分别在2010年和2016年达到十四年间的低点和高点，2016年之后的三年呈持续下降趋势，2020年有所回升，2021年再度下降，2022年再度上升。2022年，6个重点行业中，除房地产行业外，其余行业较2021年均呈上升趋势（见图15）。

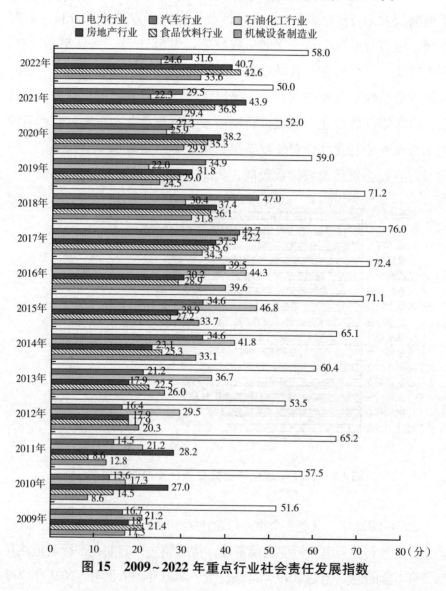

图15　2009~2022年重点行业社会责任发展指数

分 报 告
Sub Reports

B.2
中国国有企业100强社会责任发展指数（2022）

摘　要： 本报告在"中国企业社会责任发展指数"研究框架基础上，对中国国有企业100强的社会责任管理与社会责任信息披露情况进行综合评价，以把握中国国有企业社会责任发展的阶段性特征。研究发现，2022年国有企业100强社会责任发展指数为55.5分，较2021年提升0.1分，整体处于追赶者阶段。从责任板块来看，国有企业100强责任管理指数为46.3分，处于追赶者阶段；责任实践指数为59.5分，达到三星级水平。2022年，国有企业100强各项责任议题指数基本稳定，政府责任、股东责任、绿色管理、安全生产、伙伴责任议题指数达到四星级水平。

关键词： 国有企业　企业社会责任　社会责任管理

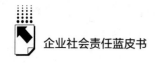

一 样本特征

国有企业是国民经济的主导力量，是社会主义经济的重要支柱。2022年，国有企业100强以中国企业联合会、中国企业家协会联合发布的"2022中国企业500强"榜单和国务院国资委监管的中央企业名单为基础，按照营业收入依次选取前100家企业，并做出如下调整：①剔除特种行业企业；②剔除依靠财政拨款和政策性银行融资的企业；③剔除兼并重组、破产倒闭的企业；④若股份公司占集团资产的90%以上，则以股份公司为评价对象。调整后的100家国有企业包括中央企业67家、国有金融企业14家、其他国有企业19家。评价样本覆盖27个行业，总部分布在16个省、自治区、直辖市和特别行政区。

（一）行业分布广泛，覆盖27个行业

2022年国有企业100强共覆盖27个行业，行业分布范围广泛。其中，混业企业数量最多，共18家；银行业次之，共9家；金属冶炼及压延加工业8家；交通运输设备制造业7家；建筑业、机械设备制造业、电力生产业各6家；石油和天然气开采业与加工业5家；交通运输服务业、通信服务业和保险业各4家；煤炭开采与洗选业、一般服务业各3家；批发贸易业、非金属矿物制品业和电力供应业各2家；其余11个行业各1家（见图1）。

（二）总部所在地以北京居多

从地域分布来看，2022年国有企业100强的总部所在地共覆盖16个省、自治区、直辖市和特别行政区。其中，位于北京的企业数量最多，为64家；位于广东的企业数量次之，共8家；7家企业总部位于上海；5家企业总部位于香港（见图2）。

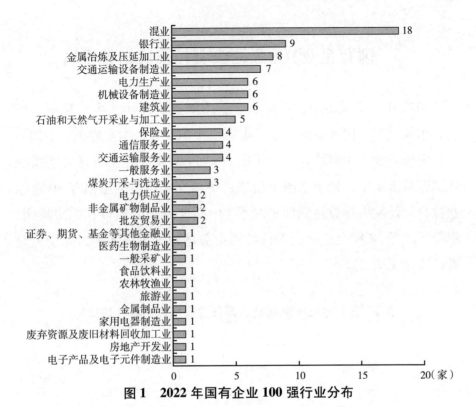

图1　2022年国有企业100强行业分布

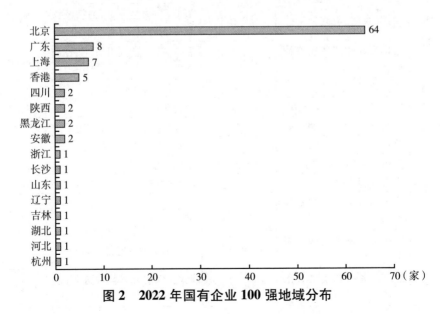

图2　2022年国有企业100强地域分布

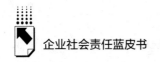

二　国有企业100强社会责任发展指数排名

2022年，华润集团、中国石化、中国建材集团、中国华电、国投、东风汽车、国家电网、南方电网、中国宝武、国家能源、中国一汽、中国铝业、中国移动、中国电力共14家企业社会责任发展指数达到五星级水平，处于卓越者阶段；中国交建、中国电信等30家企业社会责任发展指数达到四星级水平，处于领先者阶段；中集集团、中智集团等38家企业社会责任发展指数达到三星级水平，处于追赶者阶段（见表1）。

表1　国有企业100强社会责任发展指数排名（2022）

单位：分

排名	企业名称	企业性质	行业	社会责任发展指数
★★★★★				
1	华润(集团)有限公司	中央企业	混业(电力生产业；酒精及饮料酒制造业；房地产业)	92.8
2	中国石油化工集团有限公司	中央企业	石油和天然气开采业与加工业	86.0
3	中国建材集团有限公司	中央企业	非金属矿物制品业	85.9
4	中国华电集团有限公司	中央企业	电力生产业	85.3
5	国家开发投资集团有限公司	中央企业	混业(电力生产业；一般采矿业；交通运输服务业)	84.8
6	东风汽车集团有限公司	中央企业	交通运输设备制造业	84.4
7	国家电网有限公司	中央企业	电力供应业	84.2
7	中国南方电网有限责任公司	中央企业	电力供应业	84.2
9	中国宝武钢铁集团有限公司	中央企业	金属冶炼及压延加工业	84.1
9	国家能源投资集团有限责任公司	中央企业	混业(煤炭开采与洗选业；电力生产业)	84.1

续表

排名	企业名称	企业性质	行业	社会责任发展指数
11	中国第一汽车集团有限公司	中央企业	交通运输设备制造业	84.0
12	中国铝业集团有限公司	中央企业	混业（金属冶炼及压延加工业；一般采矿业；批发贸易业）	83.8
13	中国移动通信集团有限公司	中央企业	通信服务业	82.0
14	中国电力建设集团有限公司	中央企业	混业（建筑业；机械设备制造业）	81.8
★★★★				
15	中国交通建设集团有限公司	中央企业	建筑业	80.0
16	中国电信集团有限公司	中央企业	通信服务业	78.4
16	中国建筑集团有限公司	中央企业	建筑业	78.4
18	中国华能集团有限公司	中央企业	电力生产业	78.3
19	中国旅游集团有限公司香港中旅（集团）有限公司	中央企业	旅游业	78.2
20	中国联合网络通信集团有限公司	中央企业	通信服务业	78.1
21	新兴际华集团有限公司	中央企业	金属冶炼及压延加工业	77.0
21	中国节能环保集团有限公司	中央企业	废弃资源及废旧材料回收加工业	77.0
23	中国盐业集团有限公司	中央企业	混业（食品饮料业；工业化学品制造业）	75.4
24	北京控股集团有限公司	其他国有企业	混业（环保产业；公用事业和基础设施；酒精及饮料酒制造业）	74.4
25	中国石油天然气集团有限公司	中央企业	石油和天然气开采业与加工业	74.3
26	中国长江三峡集团有限公司	中央企业	电力生产业	74.2

续表

排名	企业名称	企业性质	行业	社会责任发展指数
27	中国黄金集团有限公司	中央企业	一般采矿业	74.1
28	珠海华发集团有限公司	其他国有企业	一般服务业	73.6
29	中国一重集团有限公司	中央企业	机械设备制造业	73.3
30	中国有色矿业集团有限公司	中央企业	混业(一般采矿业;金属冶炼及压延加工业;建筑业)	68.6

注：该榜单仅展示前30名企业得分情况。

三 国有企业100强社会责任发展阶段性特征

（一）国有企业100强社会责任发展指数为55.5分，整体达到三星级水平，处于追赶者阶段

2022年，国有企业100强社会责任发展指数为55.5分，处于追赶者阶段。2009~2017年，国有企业100强社会责任发展指数呈现整体增长趋势；2018~2022年，国有企业100强社会责任发展指数呈现明显波动；2022年国有企业100强社会责任发展指数与2021年相比提升0.1分（见图3）。

（二）超八成国有企业社会责任发展指数处于三星级及以上水平，14家国有企业社会责任发展指数达到卓越者阶段

2022年，国有企业100强社会责任发展指数整体达到三星级水平。其中，81家国有企业社会责任发展指数处于三星级及以上水平。具体来看，14家国有企业社会责任发展指数达到五星级水平；处于四星级、领先者阶段的国有企业数量为29家；三星级国有企业数量

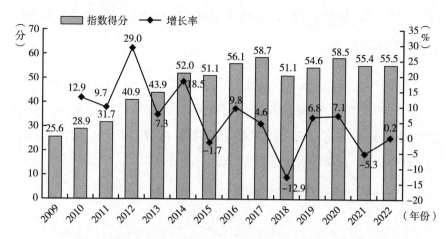

图3　2009~2022 年国有企业 100 强社会责任发展指数

为 38 家；11 家国有企业社会责任发展指数为二星级水平，处于起步者阶段；仍有 8 家国有企业社会责任发展指数低于 20.0 分，处在旁观者阶段。2009 年以来，社会责任发展指数三星级及以上的国有企业数量总体呈现上升趋势，特别是三星级和四星级水平的企业占比明显增加（见图 4）。

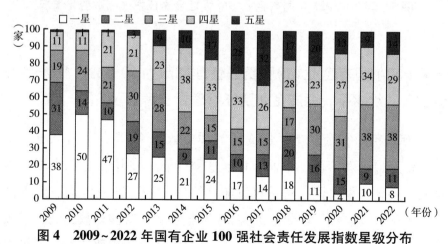

图4　2009~2022 年国有企业 100 强社会责任发展指数星级分布

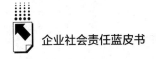

（三）中央企业社会责任发展指数领先于国有金融企业、其他国有企业

比较中央企业、国有金融企业与其他国有企业的社会责任发展指数发现，2022年，中央企业社会责任发展指数依然保持着领先优势，达到60.7分；国有金融企业社会责任发展指数为51.0分，再次超过其他国有企业（40.7分）（见图5）。

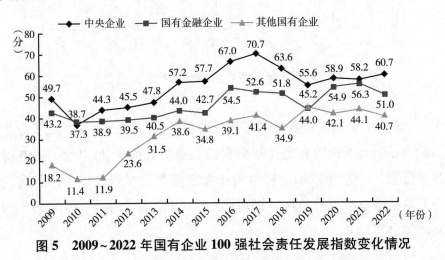

图5　2009~2022年国有企业100强社会责任发展指数变化情况

（四）国有企业100强责任管理指数为46.3分，13家企业达到五星级水平，两成企业责任管理处于旁观者阶段

2022年国有企业100强责任管理指数为46.3分，为三星级水平，处于追赶者阶段。华润集团、中国宝武、中国石化、中国建材集团、中国华电、国投、东风汽车、国家电网、南方电网、国家能源、中国移动、中国建筑、北控13家企业责任管理指数达到五星级水平；中国一汽、中国铝业等17家企业责任管理指数达到四星级水平；华发集团、中国有色等30家企业责任管理指数达到三星级水

平；而二星级和一星级的企业数量占比为 40%（见图 6），较 2021
年下降 7%。

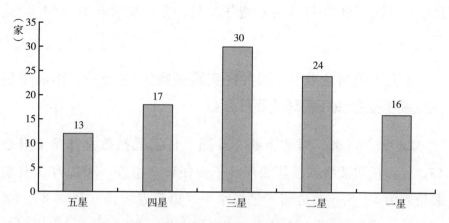

图 6　2022 年国有企业 100 强责任管理星级分布

如图 7 所示，在企业社会责任管理体系"三步十法"的组织、
融合、沟通三个维度，责任组织指数得分最高，为 50.8 分，达到追
赶者水平；责任沟通指数得分次之，为 49.6 分，同处追赶者水平；
责任融合指数得分相对较低，为 30.5 分。

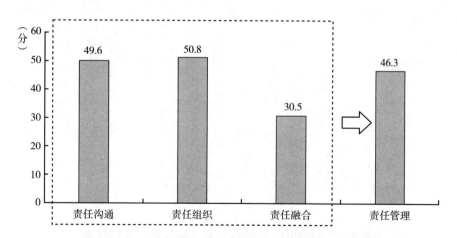

图 7　2022 年国有企业 100 强责任管理指数结构比较

具体来看"十法"的表现，责任理念得分最高，为70.4分；利益相关方参与位居第二，为56.1分；责任治理第三，为54.7分；责任报告第四，得分47.5分；责任流程、责任规划分别为34.8分、32.8分。

（五）国有企业100强责任实践指数为59.5分，本质责任指数高于社会责任和环境责任指数

2009年以来，国有企业100强责任实践指数总体呈上升态势，且责任实践指数总体表现优于责任管理指数。2022年责任实践指数为59.5分，达到三星级水平、追赶者阶段（见图8）。具体来看，华润集团（91.4分）、中国电力（89.3分）、中国建材集团（87.1分）等18家企业责任实践指数达到五星级水平，处于卓越者阶段；中国宝武（78.6分）、中国华能（78.6分）等38家企业责任实践指数达到四星级水平；责任实践指数达到三星级的企业有27家；处于二星级和一星级的企业分别有10家和7家（见图9）。

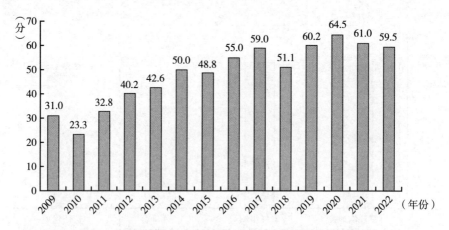

图8　2009~2022年国有企业100强责任实践指数

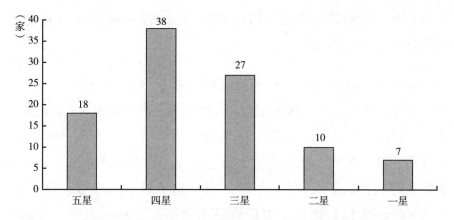

图 9 2022 年国有企业 100 强责任实践星级分布

责任实践包括本质责任、社会责任、环境责任三个维度。其中，国有企业 100 强本质责任指数为 64.8 分，达到四星级水平。社会责任指数和环境责任指数分别为 59.7 分、54.9 分，处于三星级水平（见图 10）。

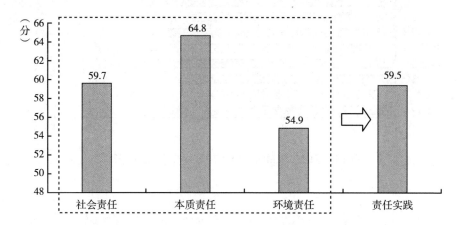

图 10 2022 年国有企业 100 强责任实践结构比较

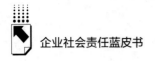

（六）政府责任指数得分最高，达到领先者水平，乡村振兴指数得分相对较低

2022年，国有企业100强责任议题指数继续全面增长。其中，政府责任、股东责任、绿色管理、安全生产、伙伴责任5个责任议题指数达到四星级水平，分别为76.8分、76.7分、68.5分、66.4分、64.4分；客户责任、社区责任、绿色运营、员工责任4个责任议题指数达到三星级水平，分别为59.4分、58.6分、58.5分、55.6分；绿色生产和乡村振兴2个责任议题指数达到二星级水平，分别为37.6分、34.3分（见图11）。国有企业较为注重披露政府责任、股东责任、安全生产等社会责任议题的关键信息，对于乡村振兴等社会责任议题的披露则相对较少。

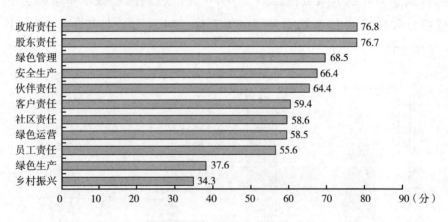

图11　2022年国有企业100强责任议题指数

B.3
中国民营企业100强社会责任
发展指数（2022）

摘　要：　本报告在"中国企业社会责任发展指数"研究框架基础上，对中国民营企业100强的社会责任管理与社会责任信息披露情况进行综合评价，梳理中国民营企业社会责任发展特征及变化趋势。研究发现，2022年民营企业100强社会责任发展指数为33.4分，比2021年下降0.3分，整体处于二星级水平、起步者阶段。从责任板块来看，责任管理指数得分26.0分，处于起步者阶段；责任实践指数得分36.5分，继续保持二星级水平。2022年，民营企业100强责任议题指数整体呈增长趋势，股东责任指数达四星级水平。

关键词：　民营企业　企业社会责任发展指数　责任管理

一　样本特征

2020年7月21日，中共中央总书记习近平在企业家座谈会中指出："企业既有经济责任、法律责任，也有社会责任、道德责任。任何企业存在于社会之中，都是社会的企业。社会是企业家施展才华的舞台。"民营经济是社会主义市场经济的重要组成部分，在稳定增长、促进创新、增加就业、改善民生等方面发挥着不可替代的作用。《中共中央国务院关于营造更好发展环境支持民营企业改革发展的意见》明确提出,民营企业要筑牢守法合规经营底线,认真履行环境保护、安全生产、职工权益保障等责任,自觉强化信用管理,及时进行信息披露,积极履行社会责任。

2022年,民营企业100强的选择以2022《财富》世界500强榜单,中国企业联合会、中国企业家协会联合发布的"2022中国企业500强榜单",全国工商联发布的"2022中国民营企业500强榜单"等权威榜单为基础,以民营资本控股为原则,根据营业收入规模及稳定性最终选定。评价样本覆盖26个行业,总部分布在19个省、自治区、直辖市和特别行政区。

(一)行业分布广泛,覆盖26个行业

2022年民营企业100强共覆盖26个行业,行业分布广泛。其中,混业企业数量最多,为19家;房地产开发业次之,共11家;互联网服务业、金属冶炼及压延加工业各7家;家用电器制造业、交通运输服务业、交通运输设备制造业和零售业各5家;通信设备制造业4家;保险业、电子产品及电子元件制造业、建筑业、农林牧渔业、食品饮料业和银行业各3家;服装鞋帽制造业、机械设备制造业和批发贸易业各2家;纺织业、工业化学品制造业、计算机服务业、计算机及相关设备制造业、燃气的生产和供应业、一般服务业、医药生物制造业、造纸及纸制品业各1家(见图1)。

(二)总部所在地多位于经济发达的华东地区

从地域分布来看,2022年民营企业100强的企业总部所在地共涉及19个省、自治区、直辖市和特别行政区。其中,位于广东的企业数量最多,共22家;位于浙江的企业数量次之,共17家;15家企

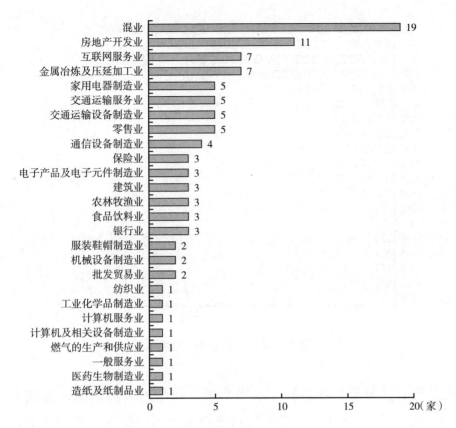

图1 2022 年民营企业 100 强行业分布

业总部位于北京（见图2）。进一步分析发现，2022 年民营企业 100 强的企业总部绝大部分位于经济发达的华东地区（42 家），华中地区、西北地区、东北地区、西南地区和华南地区的企业总部数量较少。

二 民营企业100强社会责任发展指数排名

2022 年，华为、腾讯、伊利、民生银行、碧桂园等 14 家企业社会责任发展指数达到四星级水平，处于领先者阶段；万科、唯品会（中国）、通威集团、华夏银行、比亚迪、联想等 30 家企

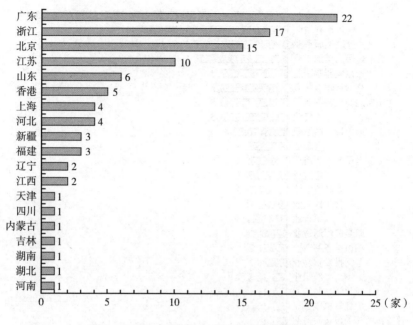

图2　2022年民营企业100强地域分布

业社会责任发展指数达到三星级水平，处于追赶者阶段；华夏幸福、美的等16家企业社会责任发展指数达到二星级水平，处于起步者阶段（见表1）。

表1　民营企业100强社会责任发展指数排名（2022）

单位：分

排名	企业名称	总部所在地	行业	社会责任发展指数
★ ★ ★ ★				
1	华为投资控股有限公司	广东	通信设备制造业	78.5
2	腾讯控股有限公司	广东	互联网服务业	78.3
3	内蒙古伊利实业集团股份有限公司	内蒙古	食品饮料业	77.8

排名	企业名称	总部所在地	行业	社会责任发展指数
4	中国民生银行股份有限公司	北京	银行业	75.3
5	阿里巴巴集团控股有限公司	浙江	互联网服务业	69.9
6	蚂蚁科技集团股份有限公司	浙江	互联网服务业	67.7
7	新城控股集团股份有限公司	上海	房地产开发业	67.3
8	复星国际有限公司	上海	混业（医药生物制造业；旅游业；文化娱乐业）	65.7
9	浙江吉利控股集团有限公司	浙江	交通运输设备制造业	65.3
10	TCL集团股份有限公司	广东	家用电器制造业	64.4
11	碧桂园控股有限公司	广东	房地产开发业	63.5
11	温氏食品集团股份有限公司	广东	农林牧渔业	63.5
13	北京京东世纪贸易有限公司	北京	互联网服务业	62.0
14	龙湖集团控股有限公司	香港	房地产开发业	60.1
★★★				
15	万科企业股份有限公司	广东	房地产开发业	59.9
16	中兴通讯股份有限公司	广东	通信设备制造业	59.2
17	通威集团有限公司	四川	农林牧渔业	58.9
18	唯品会（中国）有限公司	广东	零售业	58.8
19	广州网易计算机系统有限公司	广东	互联网服务业	57.8
20	华夏银行股份有限公司	北京	银行业	57.0
21	比亚迪股份有限公司	广东	交通运输设备制造业	55.7
22	新奥集团股份有限公司	河北	燃气的生产和供应业	55.6

续表

排名	企业名称	总部所在地	行业	社会责任发展指数
23	北京三快科技有限公司	北京	互联网服务业	53.8
23	兴业银行股份有限公司	福建	银行业	53.8
25	海尔集团公司	山东	家用电器制造业	52.8
26	百度股份有限公司	北京	互联网服务业	52.4
27	顺丰控股股份有限公司	广东	交通运输服务业	51.2
28	联想控股股份有限公司	北京	电子产品及电子元件制造业	50.7
29	北京建龙重工集团有限公司	北京	混业（金属冶炼及压延加工业；金属制品业）	49.2
30	融创中国控股有限公司	天津	房地产开发业	49.0

注：该榜单仅展示前30名企业得分情况。

三 民营企业100强社会责任发展阶段性特征

（一）民营企业100强社会责任发展指数为33.4分，处于起步者阶段

2009～2022年，民营企业100强社会责任发展指数总体呈现上升趋势。2009年，民营企业100强社会责任发展指数仅为12.9分，处于旁观者阶段；2014年达到20.5分，开始进入起步者阶段；2017年进入发展高峰，达29.7分；之后经历短暂的下滑，于2020年开始稳步增长；2021年继续增长，达33.7分。2022年，民营企业100强社会责任发展指数达33.4分，比2021年下降0.3分，连续第九年达到二星级水平，处于起步者阶段（见图3）。

（二）超四成民营企业社会责任发展指数达到三星级及以上水平，约四成企业仍在旁观

2022年，民营企业100强社会责任发展指数整体达到二星级水

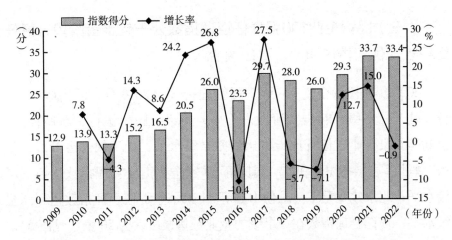

图3 2009~2022年民营企业100强企业社会责任发展指数

平。具体来看，华为、腾讯、伊利、民生银行、阿里巴巴等14家企业社会责任发展指数达到四星级水平；万科、中兴通讯、通威集团、唯品会（中国）、比亚迪、联想等30家企业社会责任发展指数达到三星级水平；长城汽车、华夏幸福、绿城中国、海亮集团、美的等16家企业社会责任发展指数达到二星级水平。社会责任发展指数为一星级、处于旁观者阶段的企业数量最多，为40家（见图4）。

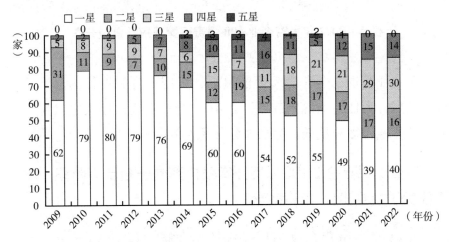

图4 2009~2022年民营企业100强社会责任发展指数星级分布

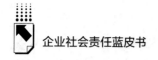

（三）民营企业100强责任管理指数处于起步者阶段，责任组织表现优于责任沟通、责任融合

2022 年，民营企业 100 强责任管理指数为 26.0 分，同比增加 0.7 分，处于二星级、起步者阶段。其中，腾讯、民生银行、新城控股、伊利等 6 家企业责任管理指数达到四星级水平，处于领先者阶段；华为、蚂蚁科技、联想、TCL、温氏等 30 家企业责任管理指数达到三星级水平；北京建龙重工、融创中国等 14 家企业责任管理指数达到二星级水平；责任管理指数在一星级的企业数量最多，为 50 家（见图 5）。

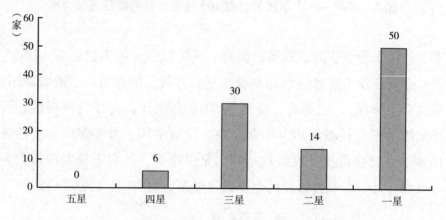

图 5 2022 年民营企业 100 强责任管理指数星级分布

对责任管理三个维度（责任组织、责任融合和责任沟通）进行分析发现，责任组织得分最高，为 31.6 分；责任沟通次之，为 28.7 分；责任融合得分最低，为 9.6 分（见图 6）。

（四）民营企业100强责任实践指数处于起步者阶段，本质责任优于社会责任和环境责任

2022 年，民营企业 100 强责任实践指数得分 36.5 分，相比

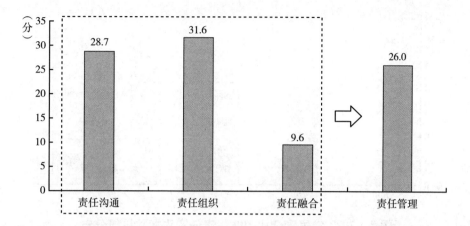

图6　2022年民营企业100强责任管理指数结构比较

2021年下降0.8分，连续第九年达到二星级水平（见图7）。从星级分布来看，2022年民营企业100强中，华为、伊利的责任实践指数达到五星级水平、卓越者阶段，分别为86.8分和82.9分；腾讯、阿里巴巴、民生银行等20家企业责任实践指数达到四星级水平；分别有21家、25家企业达到三星级和二星级水平；处于一星级水平、旁观者阶段的企业数量最多，为32家（见图8）。

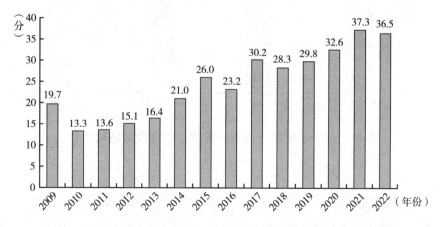

图7　2009~2022年民营企业100强责任实践指数结构变化

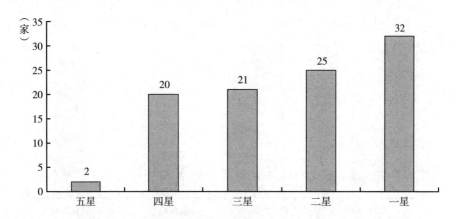

图 8　2022 年民营企业 100 强责任实践指数星级分布

2022 年民营企业 100 强责任实践指数结构中，本质责任、社会责任和环境责任指数均保持在二星级水平。其中，本质责任为 40.5 分，高于社会责任（38.3 分）和环境责任（31.6 分）（见图 9）。

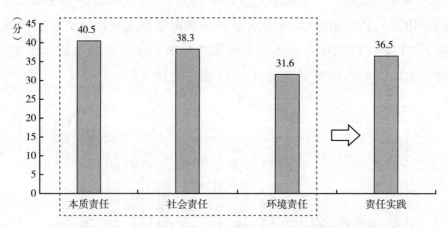

图 9　2022 年民营企业 100 强责任实践指数结构比较

（五）股东责任指数得分最高，乡村振兴指数得分较低

2022 年，民营企业 100 强股东责任指数得分为 62.9 分，比

2021年增加0.7分，达到四星级水平、领先者阶段；政府责任指数为57.3分，伙伴责任指数为49.9分，绿色管理指数为42.4分，均处于三星级水平、追赶者阶段；社区责任、安全生产、绿色运营、客户责任、员工责任5个责任议题均处于二星级水平、起步者阶段（见图10）。可见民营企业较为注重披露股东责任的相关信息，对于绿色生产、乡村振兴的信息披露有所欠缺。

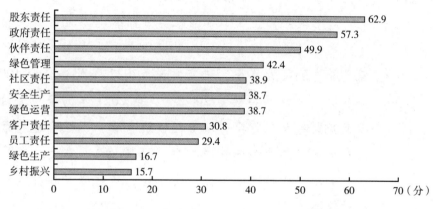

图10　2022年民营企业100强责任议题指数

B.4
中国外资企业100强社会责任发展指数（2022）

摘　要： 本报告在"中国企业社会责任发展指数"研究框架基础上，对中国外资企业100强社会责任管理与社会责任信息披露情况进行综合评价，以把握中国外资企业社会责任发展的阶段性特征。研究发现，2022年外资企业100强社会责任发展指数为20.2分，由2021年的旁观者阶段上升到起步者阶段。从责任板块来看，责任实践指数（22.5分）优于责任管理指数（15.0分）。在责任议题中，伙伴责任和社区责任表现较好，乡村振兴指数得分相对较低。

关键词： 外资企业　企业社会责任发展指数　社会责任实践

一　样本特征

外资是我国市场主体的重要组成部分，为中国经济社会发展做出独特且重要的贡献。外资企业积极履行社会责任，是我国全面建设社会主义现代化国家重要的参与者、见证者和贡献者。

2022年，外资企业100强的样本选择以2022《财富》世界500强榜单为基础，按照全球营业收入选取前100家企业，并做出如下调整：①剔除在中国没有经营业务的外资企业；②依据企业在中国经营业务的深度、影响力和品牌知名度进行增补。最终确定的外资企业100强以美资企业最多，覆盖20个行业。

（一）国别/地区代表性强，美资企业居多

外资企业100强中，美资企业最多，为37家；日资企业次之，为20家；德资企业排第三，为11家；法资企业数量为8家；韩资企业数量为7家；瑞士企业数量为4家；英国企业数量为4家；中国台湾企业数量为3家；中国香港、意大利、加拿大、荷兰、比利时、爱尔兰企业数量均为1家（见图1）。

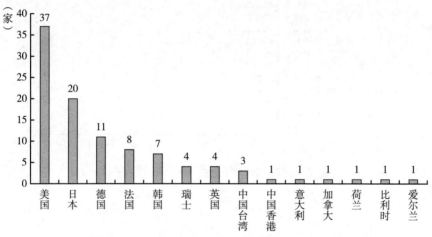

图1　2022外资企业100强国别/地区分布

（二）行业分布广泛，覆盖20个行业

2022年外资企业100强共覆盖20个行业。其中混业企业数量最多，达19家；交通运输设备制造业次之，为13家；电子产品及电子元件制造业、机械设备制造业、零售业均为8家；医药生物制造业为7家；石油和天然气开采业与加工业为6家；食品饮料业5家；一般制造业、银行业和证券、期货、基金等其他金融业均为4

家；批发贸易业为 3 家；工业化学品制造业、日用化学品制造业、互联网服务业为 2 家；家用电器制造业、金属冶炼及压延加工业、通信设备制造业、一般采矿业、一般服务业的企业数量均为 1 家（见图 2）。

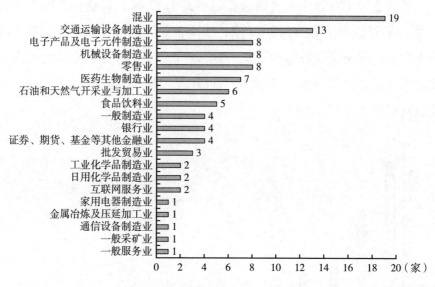

图 2　2022 年外资企业 100 强行业分布

二　外资企业100强社会责任发展指数排名

2022 年，中国三星、现代汽车集团（中国）社会责任发展指数达到五星级水平，处于卓越者阶段；松下电器、中国 LG、中国浦项、台达、苹果公司、SK 中国、LG 化学、SK 海力士、佳能（中国）、台积电等 10 家企业达到四星级水平，处于领先者阶段；长江和记实业、鸿海科技、宝洁（中国）、索尼（中国）等 4 家企业达到三星级水平，处于追赶者阶段（见表 1）。

表1　外资企业100强社会责任发展指数排名（2022）

排名	公司名称	国家/地区	行业	社会责任发展指数
★★★★★				
1	三星（中国）投资有限公司	北京	混业（电子产品及电子元件制造业;通信设备制造业）	90.3
2	现代汽车集团（中国）	北京	交通运输设备制造业	86.8
★★★★				
3	松下电器中国东北亚公司	北京	混业（电子产品及电子元件制造业;家用电器制造业）	80.0
3	中国LG	北京	混业（电子产品及电子元件制造业;家用电器制造业）	80.0
5	浦项（中国）投资有限公司	北京	金属冶炼及压延加工业	78.9
6	台达	上海	电子产品及电子元件制造业	75.8
6	苹果公司	上海	电子产品及电子元件制造业	75.8
8	SK中国	北京	混业（工业化学品制造业、电子产品及电子元件制造业、交通运输服务业）	74.5
8	LG化学（中国）投资有限公司	北京	混业（石油和天然气开采业与加工业;电子产品及电子元件制造业;医药生物制造业）	74.5
10	SK海力士	无锡	电子产品及电子元件制造业	65.6
11	佳能（中国）有限公司	北京	混业（电子产品及电子元件制造业;计算机及相关设备制造业;计算机服务业）	63.4
12	台积电	上海	电子产品及电子元件制造业	62.5
★★★				
13	长江和记实业有限公司	中国香港	混业（交通运输服务业;零售业;通信服务业）	46.2
14	鸿海精密工业股份有限公司	中国台湾	电子产品及电子元件制造业	44.3
15	宝洁（中国）有限公司	广东	日用化学品制造业	43.9
16	索尼（中国）有限公司	北京	混业（电子产品及电子元件制造业;家用电器制造业）	41.3

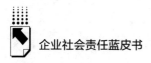
续表

排名	公司名称	国家/地区	行业	社会责任发展指数
★★				
17	麦德龙(中国)	上海	零售业	35.7
17	花旗银行(中国)有限公司	上海	银行业	35.7
19	丰田汽车(中国)投资有限公司	北京	交通运输设备制造业	32.8
20	巴斯夫(中国)有限公司	上海	工业化学品制造业	31.3
21	三井住友银行(中国)有限公司	上海	银行业	29.7
22	丰田通商(中国)有限公司	广东	交通运输设备制造业	27.6
23	法国兴业银行(中国)有限公司	北京	银行业	27.0
24	通用汽车(中国)	上海	交通运输设备制造业	26.4
★				
25	东芝(中国)有限公司	上海	混业(电子产品及电子元件制造业;家用电器制造业;计算机及相关设备制造业)	19.9
26	罗氏中国	上海	医药生物制造业	19.0
27	大众汽车集团(中国)	北京	交通运输设备制造业	18.8
28	汇丰银行(中国)有限公司	上海	银行业	18.6
29	微软中国	北京	互联网服务业	17.4
30	卡特彼勒(中国)投资有限公司	北京	机械设备制造业	16.4
30	永旺(中国)投资有限公司	北京	零售业	16.4

注：该榜单仅展示前30名企业得分情况。

三 外资企业100强社会责任发展阶段性特征

（一）外资企业100强社会责任发展指数为20.2分，处于起步者阶段

2009~2014年，外资企业100强社会责任发展指数呈现快速增长趋势。2014年，外资企业100强社会责任发展指数达到峰值为26.4分。2014~2016年，外资企业100强社会责任发展指数出现了小幅波动；2017~2018年，外资企业100强社会责任发展指数小幅上升；2019年，外资企业100强社会责任发展指数从起步者阶段回落至旁观者阶段；2020年，外资企业100强社会责任发展指数有所增加，得分为20.1分，重新回到二星级水平、起步者阶段；2021年，外资企业100强社会责任发展指数下降至19.1分，回落至旁观者阶段；2022年，外资企业100强社会责任发展指数上升至20.2分，重新回到二星级水平、起步者阶段（见图3）。

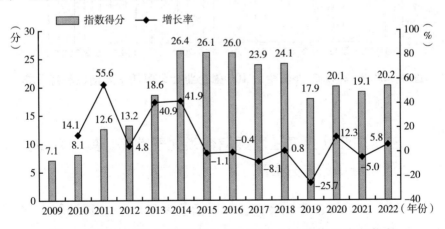

图3 2009~2022年外资企业100强企业社会责任发展指数

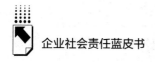

（二）近两成外资企业社会责任发展指数达到三星级及以上水平，超七成企业仍在旁观

2022年，88家外资企业社会责任发展指数低于60.0分，处于三星级以下水平。中国三星、现代汽车集团（中国）社会责任发展指数达到五星级水平，处于卓越者阶段；松下电器、中国LG、中国浦项、台达、苹果公司、SK中国、LG化学、SK海力士、佳能（中国）、台积电等10家企业达到四星级水平，处于领先者阶段；有76家企业社会责任发展指数仍处于一星级水平、旁观者阶段（见图4）。

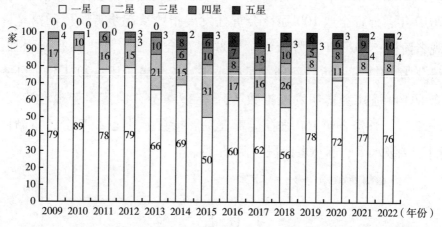

图4 2009~2022年外资企业100强企业社会责任发展指数星级分布

（三）东亚社会责任发展指数领先于欧美，其中韩资企业社会责任发展指数得分最高

2022年，韩资企业社会责任发展指数为78.6分，得分较2021年提升了0.6分，为四星级水平、领先者阶段；中国台湾企业社会责任发展指数为60.8分，处于四星级水平、领先者阶段；中国香港企业社会责任发展指数为46.2分，处于三星级水平、追赶者阶段；日资企业

社会责任发展指数为 21.0 分，处于二星级水平、起步者阶段；英国企业（13.8 分）、瑞士企业（13.2 分）、德国企业（13.1 分）、美国企业（12.6 分）、爱尔兰企业（10.0 分）、荷兰企业（9.4 分）、法国企业（9.0 分）、比利时企业（6.9 分）、意大利企业（6.0 分）、加拿大企业（4.5 分）社会责任发展指数仍为一星级水平、旁观者阶段。总体来看，东亚地区外资企业社会责任发展指数领先于欧美地区（见图 5）。

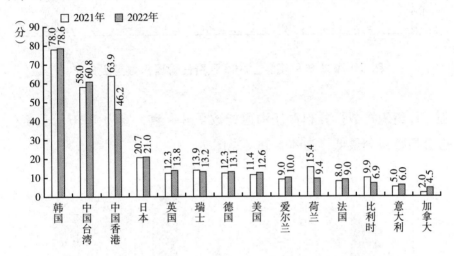

图 5　2021~2022 年外资企业 100 强社会责任发展指数

（四）外资企业100强责任管理指数仅为15.0分，处于旁观者阶段

2022 年，外资企业 100 强责任管理指数为 15.0 分，处于一星级水平、旁观者阶段。其中，中国三星、现代汽车集团（中国）指数分别为 91.0 分、81.0 分，达到五星级水平，处于卓越者阶段；10 家企业达到四星级水平，处于领先者阶段；4 家企业达到三星级水平，处于追赶者阶段；8 家企业达到二星级水平，处于起步者阶段；超七成企业为一星级水平，处于旁观者阶段（见图 6）。

从责任组织、责任融合、责任沟通三个维度来看，外资企业 100

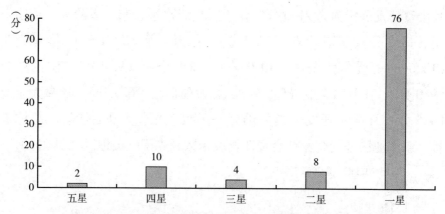

图 6　2022 年外资企业 100 强责任管理指数星级分布

强责任组织指数得分和责任沟通指数得分一致，皆为 16.6 分；责任融合指数得分最低，为 8.5 分（见图 7）。

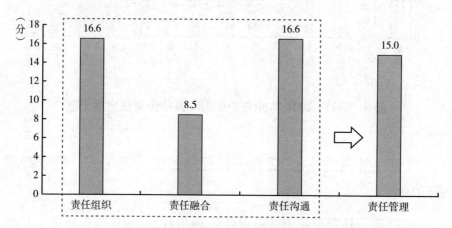

图 7　2022 年外资企业 100 强责任管理指数结构比较

（五）外资企业100强责任实践指数为22.5分，处于起步者阶段

2022 年，外资企业 100 强责任实践指数为 22.5 分，为二星级水平，处于起步者阶段（见图 8）。其中，5 家企业责任实践指数达到

五星级水平，处于卓越者阶段；7家企业责任实践指数达到四星级水平，处于领先者阶段；6家企业达到三星级水平，处于追赶者阶段；11家企业达到二星级水平，处于起步者阶段；71家企业为一星级水平，处于旁观者阶段（见图9）。

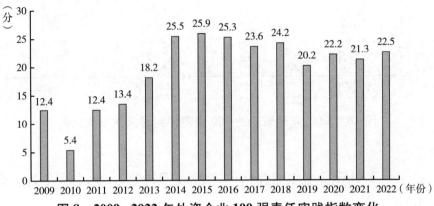

图8　2009~2022年外资企业100强责任实践指数变化

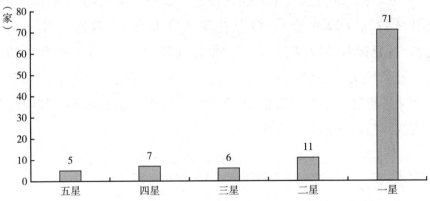

图9　2022年外资企业100强责任实践指数星级分布

责任实践包含本质责任、社会责任、环境责任三个维度。其中，外资企业100强社会责任指数得分最高，为25.6分，保持在二星级水平；环境责任指数次之，为23.4分；本质责任指数为18.7分，处于一星级水平（见图10）。

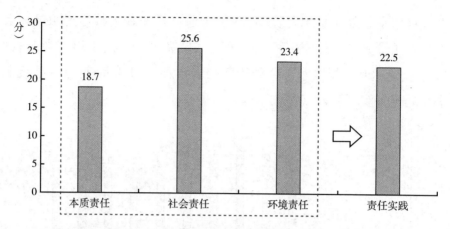

图 10　2022 年外资企业 100 强责任实践指数结构比较

（六）外资企业100强伙伴指数表现较好，乡村振兴指数得分较低

2022 年，外资企业 100 强伙伴责任指数得分最高，为 38.4 分，与社区责任（32.4 分）、绿色管理（31.8 分）、政府责任（29.1 分）、绿色运营（27.7 分）、客户责任（20.9 分）、安全生产（20.7 分）指数同为二星级水平。员工责任、股东责任、绿色生产、乡村振兴 4 项责任议题的指数低于 20.0 分，处于一星级水平。其中，乡村振兴指数得分最低，为 5.4 分（见图 11）。

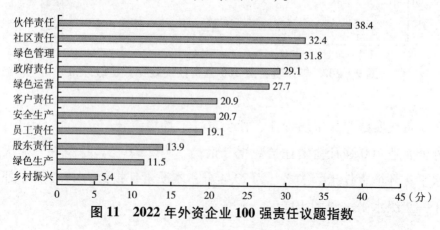

图 11　2022 年外资企业 100 强责任议题指数

行业报告

Industry Report

B.5

重点行业社会责任发展指数（2022）

摘　要： 本报告选取了 15 个社会关注度高，对经济、社会、环境
影响大的行业进行重点分析，通过探究各行业中重点企业
的社会责任发展指数，反映行业社会责任管理水平与社会
责任信息披露水平。研究发现，15 个行业中，电力行业
社会责任发展指数最高，为 58.0 分，与乳制品行业、军
工行业、建材行业、食品饮料行业、动力电池行业、房地
产行业、建筑行业、煤炭行业同处于三星级水平、追赶者
阶段；有色金属行业、汽车零部件行业、机械设备制造
业、汽车行业、钢铁行业、石油化工行业社会责任发展指
数均处于二星级水平。石油化工行业社会责任发展指数最
低，为 24.6 分。

关键词： 重点行业　社会责任发展指数　责任管理　责任实践

为保证各行业样本企业具有代表性，行业在"中国企业社会责任发展指数行业划分"的基础上适当合并后，根据企业规模，增补部分企业，最终形成"重点行业社会责任发展指数（2022）"。选取的15个重点行业及其企业构成如表1所示。

表1　重点行业企业构成及社会责任发展指数（2022）

单位：家，分

序号	行业	样本数量	社会责任发展指数	星级
1	电力行业	21	58.0	★★★
2	乳制品行业	11	51.4	★★★
3	军工行业	10	50.2	★★★
4	建材行业	17	43.0	★★★
5	食品饮料行业	21	42.6	★★★
6	动力电池行业	11	41.8	★★★
7	房地产行业	23	40.7	★★★
7	建筑行业	22	40.7	★★★
9	煤炭行业	17	40.5	★★★
10	有色金属行业	21	39.3	★★
11	汽车零部件行业	10	39.1	★★
12	机械设备制造业	28	33.6	★★
13	汽车行业	56	31.6	★★
14	钢铁行业	24	30.9	★★
15	石油化工行业	26	24.6	★★

15个重点行业社会责任发展指数差异较大（见图1）。其中电力行业、乳制品行业、军工行业、建材行业、食品饮料行业、动力电池行业、房地产行业、建筑行业、煤炭行业9个行业社会责任发展指数分别为58.0分、51.4分、50.2分、43.0分、42.6分、41.8分、40.7分、40.7分、40.5分。有色金属行业、汽车零部件行业、机械设备制造业、汽车行业、钢铁行业、石油化工行业6个行业社会责任发展指数达到二星级水平；石油化工行业社会责任发展指数最低，为

24.6 分，较 2021 年提升 2.3 分，社会责任管理和信息披露有待加强。

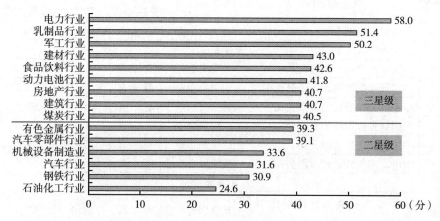

图 1　重点行业社会责任发展阶段与排名（2022）

一　电力行业社会责任发展指数

（一）评价结果

本部分评价的电力行业指火力发电、水力发电、核力发电和其他能源发电，以及利用电网出售给用户电能的输送、分配与供电等活动。2022 年电力行业评价样本共有 21 家，样本企业的社会责任发展指数前 10 排名及得分如表 2 所示。

表 2　电力行业社会责任发展指数（2022）前 10 名

单位：分

排名	企业名称	企业性质	CSR专栏	CSR报告	责任管理指数	社会责任发展指数
★★★★★						
1	中国华电集团有限公司	中央企业	有	有	91.0	85.3
2	国家电网有限公司	中央企业	有	有	84.0	84.2

排名	企业名称	企业性质	CSR专栏	CSR报告	责任管理指数	社会责任发展指数
2	中国南方电网有限责任公司	中央企业	有	有	84.0	84.2
★★★★						
4	中国华能集团有限公司	中央企业	有	有	77.5	78.3
5	中国长江三峡集团有限公司	中央企业	有	有	69.0	74.2
6	国家电力投资集团有限公司	中央企业	有	有	61.0	67.8
7	中国绿发投资集团有限公司	中央企业	有	有	50.0	65.0
8	中国大唐集团有限公司	中央企业	有	有	53.0	64.4
9	国电南瑞科技股份有限公司	其他国有企业	有	有	65.0	60.5
★★★						
10	宁德时代新能源科技股份有限公司	其他国有企业	有	有	58.0	57.9

（二）阶段性特征

1. 电力行业社会责任发展指数为58.0分，总体处于三星级水平、追赶者阶段；中国华电、国家电网、南方电网3家企业达到五星级水平

电力行业社会责任发展指数平均得分为58.0分，整体为三星级水平，处于追赶者阶段，在15个重点行业中排名第一（见图2）。具体来看，五星级企业3家，为中国华电（85.3分）、国家电网（84.2分）、南方电网（84.2分）；四星级企业6家；三星级企业9家；二星级企业2家；一星级企业1家。

2. 电力行业责任管理指数为49.1分，总体处于三星级水平、追赶者阶段

2022年，电力行业责任管理指数为49.1分。其中，中国华电（91.0分）、国家电网（84.0分）、南方电网（84.0分）处于五星级水平。四星级企业4家、三星级企业8家、二星级企业3家、一星级企业3家。

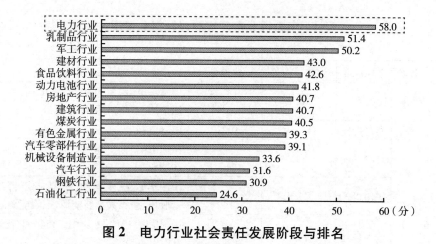

图2　电力行业社会责任发展阶段与排名

从责任管理的具体议题来看，电力行业责任组织得分最高，为51.4分；责任融合次之，为47.1分；责任沟通得分最低，为41.0分。其中，中国华电在责任组织维度获得满分100.0分，达到五星级水平、卓越者阶段（见表3）。

表3　电力行业责任管理具体表现

单位：分

责任板块	责任议题	行业平均分	行业最高分	最佳实践
责任管理 （49.1）	责任组织	51.4	100.0	中国华电
	责任融合	47.1	95.0	国家电网、南方电网
	责任沟通	41.0	75.0	中国华电、国家电网

3. 电力行业责任实践指数为61.5分，处于三星级水平、追赶者阶段；本质责任指数领先于社会责任和环境责任

2022年电力行业责任实践指数平均分为61.5分，处于三星级水平、追赶者阶段。其中，本质责任指数表现最佳，为65.6分；社会责任指数为63.3分；环境责任指数为59.6分（见表4）。

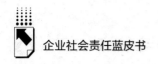

表4　电力行业责任实践议题得分情况

单位：分

责任板块	责任议题	行业平均分	行业最高分	最佳实践
本质责任 （65.6）	股东责任	76.7	100.0	中国华电、国家电网、南方电网、中国华能、三峡集团、隆基股份
	客户责任	62.9	100.0	南方电网
社会责任 （63.3）	政府责任	76.2	100.0	国家电网、南方电网、三峡集团、三峡能源
	伙伴责任	74.8	100.0	中国华能、三峡集团、宁德时代、隆基股份、新疆大全新能源、三峡能源
	员工责任	61.6	90.9	中国华电、中国绿发、中广核集团、长江电力
	安全生产	68.9	100.0	国家电网、南方电网、中国绿发
	社区责任	69.6	100.0	国家电网、南方电网
环境责任 （59.6）	绿色管理	63.7	95.8	三峡集团
	绿色生产	53.7	80.0	龙源电力、国电电力
	绿色运营	62.7	100.0	中国华电、中国华能、三峡集团

从议题角度来看，电力行业在股东责任（76.7分）、政府责任（76.2分）、伙伴责任（74.8分）方面信息披露水平相对较高。但在绿色生产（53.7分）方面表现较差。电力行业应加强绿色生产关键信息披露，并以此倒逼社会责任实践的改进。

二　乳制品行业社会责任发展指数

（一）评价结果

本部分评价的乳制品行业是指以生鲜牛（羊）乳及其制品为主要原料，经加工制成的液体乳及固体乳（乳粉、炼乳、乳脂肪、干酪等）制品的生产行业。2022年乳制品行业评价样本企业共有11家，样本企业的社会责任发展指数前10排名及得分如表5所示。

表5 乳制品行业社会责任发展指数（2022）前10名

单位：分

排名	企业名称	企业性质	CSR专栏	CSR报告	责任管理指数	社会责任发展指数
★★★★						
1	内蒙古伊利实业集团股份有限公司	民营企业	有	有	66.0	77.8
2	内蒙古蒙牛乳业集团股份有限公司	其他国有企业	有	有	64.0	76.9
3	中国飞鹤有限公司	民营企业	有	有	62.0	73.5
4	北京三元食品股份有限公司	其他国有企业	无	有	60.0	71.9
5	新希望乳业股份有限公司	民营企业	有	有	62.0	70.5
★★★						
6	光明乳业股份有限公司	其他国有企业	有	有	37.0	58.9
★★						
7	君乐宝乳业集团有限公司	民营企业	有	无	7.0	35.6
8	皇氏集团股份有限公司	民营企业	无	无	4.0	31.5
9	北大荒完达山乳业股份有限公司	其他国有企业	无	无	4.0	28.5
10	济南佳宝乳业有限公司	民营企业	无	无	4.0	21.7

（二）阶段性特征

1. 乳制品行业社会责任发展指数为51.4分，总体处于三星级水平、追赶者阶段

乳制品行业社会责任发展指数为51.4分，整体为三星级，处于追赶者阶段，在15个重点行业中排名第二（见图3）。具体来看，四星级企业5家，分别为伊利（77.8分）、蒙牛（76.9分）、飞鹤（73.5分）、三元（71.9分）、新希望（70.5分）；三星级企业1家；二星级企业4家；一星级企业1家。

2. 乳制品行业责任管理指数为34.5分，总体处于二星级水平、起步者阶段

2022年，乳制品行业责任管理指数为34.5分。其中，伊利（66.0

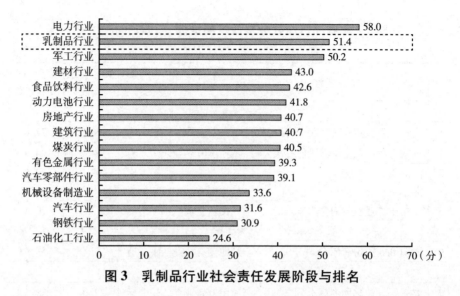

图3 乳制品行业社会责任发展阶段与排名

分)、蒙牛（64.0分）、飞鹤（62.0分）、新希望（62.0分）、三元（60.0分）五家企业处于四星级水平。

从责任管理的具体议题来看，乳制品行业责任组织得分最高，为47.7分；责任沟通次之，为32.1分；责任融合得分最低，为9.6分。其中，伊利、蒙牛、三元、新希望在责任组织维度得分最高，为100.0分（见表6）。

表6 乳制品行业责任管理具体表现

单位：分

责任板块	责任议题	行业平均分	行业最高分	最佳实践
责任管理 （34.5）	责任组织	47.7	100.0	伊利、蒙牛、三元、新希望
	责任融合	9.6	45.0	伊利、蒙牛
	责任沟通	32.1	60.0	新希望

3.乳制品行业责任实践指数为58.1分，处于三星级水平、追赶者阶段；其中本质责任指数高于社会责任和环境责任

2022年，乳制品行业责任实践指数为58.1分，处于三星级水平、追

赶者阶段。其中，本质责任指数表现最佳，为 63.9 分；社会责任低于本质责任，为 60.0 分；环境责任指数得分最低，为 51.5 分（见表 7）。

表 7　乳制品行业责任实践议题得分情况

单位：分

责任板块	责任议题	行业平均分	行业最高分	最佳实践
本质责任 （63.9）	股东责任	41.6	100.0	飞鹤、光明
	客户责任	75.9	96.2	三元、新希望
社会责任 （60.0）	政府责任	63.6	100.0	伊利、蒙牛、三元
	伙伴责任	90.9	100.0	飞鹤、三元、新希望、光明、济南佳宝、中垦乳业
	员工责任	48.8	81.8	三元、新希望
	安全生产	69.7	100.0	伊利、蒙牛、飞鹤、光明
	社区责任	54.6	87.5	伊利、蒙牛
	乡村振兴	35.2	75.0	伊利、飞鹤
环境责任 （51.5）	绿色管理	53.3	81.8	飞鹤、三元
	绿色生产	51.2	90.9	伊利、蒙牛
	绿色运营	45.5	100.0	伊利、蒙牛、飞鹤

从议题角度来看，乳制品行业在伙伴责任（90.9 分）、客户责任（75.9 分）、安全生产（69.7 分）方面信息披露水平相对较高，但在股东责任（41.6 分）、乡村振兴（35.2 分）方面表现较弱。乳制品行业应加强股东责任、乡村振兴方面的关键信息披露，推进社会责任实践水平不断提升。

三　军工行业社会责任发展指数

（一）评价结果

本部分评价的军工行业，即国防军工行业，是指涉及武器装备的科研、生产、配套等武器装备相关行业。军工行业作为高科技产业和先进制造业的重要组成部分，是一个国家经济科技水平和综合国力的集中体现。随着国家安全重要性的日益提升，我国的军工行业发展备受关注。军工行业的基本分类主要有六大类别，即核工业、航空工业、航天工业、船舶工业、兵器工业、电子信息。2022年军工行业评价样本共有10家，样本企业的社会责任发展指数前10排名及得分如表8所示。

表8　军工行业社会责任发展指数（2022）前10名

单位：分

排名	企业名称	企业性质	CSR专栏	CSR报告	责任管理指数	社会责任发展指数
★★★★★						
1	中国兵器装备集团有限公司	中央企业	有	有	76.0	84.3
★★★★						
2	中国兵器工业集团有限公司	中央企业	有	有	73.0	73.9
3	中国航空发动机集团有限公司	中央企业	有	有	59.0	64.2
★★★						
4	中国航空工业集团有限公司	中央企业	有	无	62.0	55.1
5	中国电子科技集团有限公司	中央企业	有	有	54.0	54.7
6	中国融通资产管理有限公司	中央企业	有	有	60.0	54.0
7	中国核工业集团有限公司	中央企业	有	有	47.0	45.6
★★						
8	中国船舶集团有限公司	中央企业	有	无	49.0	29.2
9	中国航天科技集团有限公司	中央企业	有	无	44.0	23.2
★						
10	中国航天科工集团有限公司	中央企业	有	无	19.0	18.2

（二）阶段性特征

1. 军工行业社会责任发展指数为50.2分，总体处于三星级水平、追赶者阶段；兵器装备集团达到五星级水平

军工行业社会责任发展指数平均得分为50.2分，整体为三星级，

处于追赶者阶段，在 15 个重点行业中排名第三（见图 4）。具体来看，五星级企业 1 家，为兵器装备集团（84.3 分）；四星级企业 2 家，为兵器工业集团（73.9 分）、中国航发（64.2 分）；三星级企业 4 家；二星级企业 2 家；一星级企业 1 家。

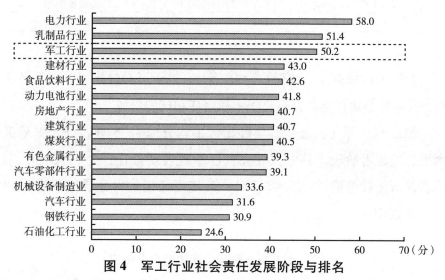

图 4　军工行业社会责任发展阶段与排名

2. 军工行业责任管理指数为54.3分，总体处于三星级水平、追赶者阶段

2022 年，军工行业责任管理指数为 54.3 分。其中，兵器装备集团（76.0 分）、兵器工业集团（73.0 分）、航空工业集团（62.0 分）、中国融通（60.0 分）处于四星级水平、领先者阶段。

从责任管理的具体议题来看，军工行业责任组织得分最高，为 71.2 分；责任沟通次之，为 45.8 分；责任融合得分最低，为 42.5 分。其中，兵器装备集团（100.0 分）、兵器工业集团（97.2 分）、中国融通（87.5 分）、中国航发（81.1 分）在责任组织维度得分较高，处于五星级水平、卓越者阶段（见表 9）。该分析反映了军工企业重视社会责任工作的顶层设计及规划管理，而在责任融合和责任沟通方面略有不足，有待延拓。

表9　军工行业责任管理具体表现

单位：分

责任板块	责任议题	行业平均分	行业最高分	最佳实践
责任管理 （54.3）	责任组织	71.2	100.0	兵器装备集团
	责任融合	42.5	70.0	兵器装备集团
	责任沟通	45.8	67.5	兵器装备集团

3. 军工行业责任实践指数为48.5分，处于三星级水平、追赶者阶段；其中社会责任指数得分高于本质责任和环境责任

2022年，军工行业责任实践指数平均分为48.5分，处于三星级水平、追赶者阶段。其中，社会责任指数表现最佳，为59.2分；本质责任低于社会责任，为48.3分；环境责任指数得分最低，为34.3分（见表10）。

表10　军工行业责任实践议题得分情况

单位：分

责任板块	责任议题	行业平均分	行业最高分	最佳实践
本质责任 （48.3）	股东责任	60.0	100.0	兵器装备集团、兵器工业集团、中国航发、中国融通
	客户责任	41.9	84.6	兵器装备集团
社会责任 （59.2）	政府责任	77.5	100.0	兵器装备集团、兵器工业集团、中国航发、中国融通
	伙伴责任	65.0	100.0	兵器装备集团、兵器工业集团、中国航发、航空工业
	员工责任	54.6	90.9	中国航发
	安全生产	70.0	100.0	兵器装备集团、兵器工业集团、中国航发、中国电科、中国融通
	社区责任	47.3	72.7	兵器装备集团、兵器工业集团
	乡村振兴	46.7	100.0	兵器装备集团
环境责任 （34.3）	绿色管理	38.0	72.0	航空工业
	绿色生产	32.6	100.0	兵器装备集团
	绿色运营	55.0	100.0	兵器装备集团、兵器工业集团、中国航发、中国电科、中国融通

从议题角度来看，军工行业在政府责任（77.5 分）、安全生产（70.0 分）、伙伴责任（65.0 分）方面信息披露水平相对较高，但在绿色管理（38.0 分）、绿色生产（32.6 分）方面表现较差。军工行业应加强绿色生产、绿色管理方面的关键信息披露，并以此倒逼社会责任实践水平不断提升。

四　建材行业社会责任发展指数

（一）评价结果

本部分评价的建材行业指对水泥（含水泥制品和石棉水泥制造）、砖瓦、石灰、轻质建筑材料、玻璃及玻璃制品、陶瓷制品、耐火材料制品、石墨及碳素制品业、矿物纤维及制品、磨具（包括但不限于砂轮/油石/砂布/砂纸/金刚砂）、晶体材料的生产等。2022 年建材行业评价样本共有 17 家，样本企业的社会责任发展指数前 10 排名及得分如表 11 所示。

表 11　建材行业社会责任发展指数（2022）前 10 名

单位：分

排名	企业名称	企业性质	CSR专栏	CSR报告	责任管理指数	社会责任发展指数
★★★★★						
1	中国建材集团有限公司	国有企业	有	有	83.0	85.9
2	华润水泥控股有限公司	国有企业	有	有	81.5	82.1
★★★						
3	中国联塑集团控股有限公司	民营企业	有	有	56.7	56.3
4	北京东方雨虹防水技术股份有限公司	民营企业	有	有	45.3	55.4
5	北京金隅集团股份有限公司	国有企业	有	有	39.8	54.4
6	华新水泥股份有限公司	民营企业	有	有	28.2	48.7

续表

排名	企业名称	企业性质	CSR专栏	CSR报告	责任管理指数	社会责任发展指数
7	中建西部建设股份有限公司	国有企业	无	有	26.8	44.3
8	福耀玻璃工业集团股份有限公司	民营企业	有	有	23.6	43.9
9	山东山水水泥集团有限公司	民营企业	无	有	17.2	42.4
10	广东兴发铝业有限公司	民营企业	无	有	16.5	42.3

(二)阶段性特征

1. 建材行业社会责任发展指数为43.0分，总体处于三星级水平、追赶者阶段；中国建材集团、华润水泥2家企业达到五星级水平

建材行业社会责任发展指数平均得分为43.0分，整体为三星级，处于追赶者阶段，在15个重点行业中排名第四（见图5）。具体来看，五星级企业2家，为中国建材集团（85.9分）、华润水泥（82.1分）；三星级企业9家；二星级企业3家；一星级企业3家。

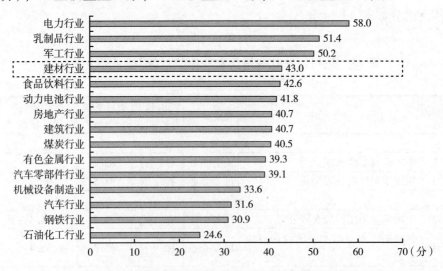

图5　建材行业社会责任发展阶段与排名

2. 建材行业责任管理指数为29.4分，总体处于二星级水平、起步者阶段

2022年，建材行业责任管理指数为29.4分。其中，中国建材集团（83.0分）、华润水泥（81.5分）处于五星级水平。

从责任管理的具体议题来看，建材行业责任组织得分最高，为36.9分；责任沟通次之，为29.8分；责任融合得分最低，为13.6分。其中，中国建材集团在责任组织维度得分最高（87.5分），达到五星级水平、卓越者阶段（见表12）。

表12   建材行业责任管理具体表现

单位：分

责任板块	责任议题	行业平均分	行业最高分	最佳实践
责任管理 （29.4）	责任组织	36.9	87.5	中国建材集团
	责任融合	13.6	85.0	华润水泥
	责任沟通	29.8	77.5	中国建材集团

3. 建材行业责任实践指数为48.8分，处于三星级水平、追赶者阶段；本质责任指数得分高于社会责任和环境责任

2022年建材行业责任实践指数平均分为48.8分，处于三星级水平、追赶者阶段。其中，本质责任指数表现最佳，为57.0分；社会责任略低于本质责任，为50.1分；环境责任指数得分最低，为40.8分。

从议题角度来看，建材行业在政府责任（60.1分）、安全生产（58.1分）、股东责任（57.7分）方面信息披露水平相对较高。但在绿色生产（41.3分）方面表现较差。建材行业应加强绿色生产关键信息披露，并以此倒逼社会责任实践的改进（见表13）。

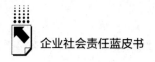

表 13　建材行业责任实践议题得分情况（2022）

单位：分

责任板块	责任议题	行业平均分	行业最高分	最佳实践
本质责任 （57.0）	股东责任	57.7	100.0	中国建材集团、华润水泥、华新水泥、北京金隅
	客户责任	56.7	88.5	中国建材集团、华润水泥
社会责任 （50.1）	政府责任	60.1	100.0	中国建材集团、华润水泥
	伙伴责任	40.8	87.5	中国建材集团、中国联塑集团
	员工责任	40.3	72.2	中国建材集团、华润水泥
	安全生产	58.1	100.0	中国建材集团
	社区责任	50.3	75.0	中国建材集团
	乡村振兴	55.2	66.7	中国建材集团、华润水泥
环境责任 （40.8）	绿色管理	39.4	87.5	中国建材集团
	绿色生产	41.3	80.0	中国建材集团
	绿色运营	45.1	100.0	中国建材集团、华润水泥

五　食品饮料行业社会责任发展指数

（一）评价结果

本部分评价的食品饮料行业是指从事食品和饮料加工生产活动的行业，主要包括三大类：农副食品加工、食品制造、酒精和饮料制造。2022 年食品饮料行业评价样本企业共有 21 家，样本企业的社会责任发展指数前 10 排名及得分如表 14 所示。

表 14　食品饮料行业社会责任发展指数（2022）前 10 名

单位：分

排名	企业名称	企业性质	CSR专栏	CSR报告	责任管理指数	社会责任发展指数
★★★★						
1	中国盐业集团有限公司	中央企业	有	有	73.0	75.4

续表

排名	企业名称	企业性质	CSR专栏	CSR报告	责任管理指数	社会责任发展指数
2	中国贵州茅台酒厂（集团）有限责任公司	其他国有企业	有	有	60.0	74.5
3	牧原食品股份有限公司	民营企业	有	有	60.0	69.6
4	华润雪花啤酒（中国）有限公司	其他国有企业	有	有	48.0	65.3
5	温氏食品集团股份有限公司	民营企业	有	有	55.0	63.5
6	农夫山泉股份有限公司	民营企业	有	无	45.0	63.0
7	青岛啤酒股份有限公司	其他国有企业	有	有	40.0	61.5
★★★						
8	通威集团有限公司	民营企业	有	无	23.0	58.9
9	佛山市海天调味食品股份有限公司	民营企业	无	有	17.0	56.6
10	四川省宜宾五粮液集团有限公司	其他国有企业	有	有	29.0	53.7

（二）阶段性特征

1. 食品饮料行业社会责任发展指数为 42.6 分，总体处于三星级水平、追赶者阶段

食品饮料行业社会责任发展指数为 42.6 分，整体为三星级，处于追赶者阶段，在 15 个重点行业中排名第五（见图 6）。具体来看，四星级企业 7 家，分别为中盐集团（75.4 分）、茅台集团（74.5分）、牧原食品（69.6 分）、华润雪花（65.3 分）、温氏食品（63.5分）、农夫山泉（63.0 分）、青岛啤酒（61.5 分）；三星级企业 6 家；二星级企业 2 家；一星级企业 6 家。

2. 食品饮料行业责任管理指数为 29.0 分，总体处于二星级水平、起步者阶段

2022 年，食品饮料行业责任管理指数为 29.0 分。其中，中盐集团（73.0 分）、茅台集团（60.0 分）、牧原食品（60.0 分）三家企业处于四星级水平。

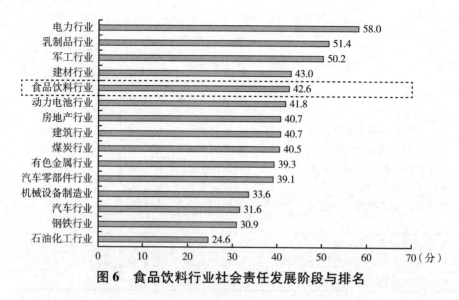

图6 食品饮料行业社会责任发展阶段与排名

从责任管理的具体议题来看，食品饮料行业责任组织得分最高，为36.5分；责任沟通次之，为26.5分；责任融合得分最低，为8.0分。其中，中盐集团、茅台集团、牧原食品在责任组织维度得分最高，为100.0分（见表15）。

表15 食品饮料行业责任管理具体表现

单位：分

责任板块	责任议题	行业平均分	行业最高分	最佳实践
责任管理 （29.0）	责任组织	36.5	100.0	中盐集团、茅台集团、牧原食品
	责任融合	8.0	56.0	中盐集团、茅台集团
	责任沟通	26.5	58.5	中盐集团、茅台集团、温氏食品

3. 食品饮料行业责任实践指数为42.4分，处于三星级水平、追赶者阶段；其中本质责任指数高于社会责任和环境责任

2022年，食品饮料行业责任实践指数为42.4分，处于三星级水平、追赶者阶段。其中，本质责任指数表现最佳，为44.1分；社会责任低于本质责任，为42.2分；环境责任指数得分最低，为40.7分（见表16）。

表16　食品饮料行业责任实践议题得分情况

单位：分

责任板块	责任议题	行业平均分	行业最高分	最佳实践
本质责任 （44.1）	股东责任	51.2	100.0	华润雪花、温氏食品、农夫山泉、通威集团、益海嘉里、海天味业
	客户责任	41.6	97.3	中盐集团、茅台集团
社会责任 （42.2）	政府责任	57.7	100.0	中盐集团、茅台集团、华润雪花、温氏食品、青岛啤酒、通威集团、五粮液
	伙伴责任	47.5	100.0	茅台集团、青岛啤酒、海天味业、山西汾酒、康师傅
	员工责任	28.9	83.9	茅台集团、海天味业
	安全生产	41.0	100.0	中盐集团、茅台集团、温氏食品、山西汾酒
	社区责任	46.3	100.0	茅台集团
	乡村振兴	34.2	89.2	牧原食品、五粮液
环境责任 （40.7）	绿色管理	43.8	85.0	牧原食品、温氏食品
	绿色生产	37.9	90.7	茅台集团、农夫山泉
	绿色运营	33.2	87.0	青岛啤酒、海天味业

从议题角度来看，食品饮料行业在政府责任（57.7分）、股东责任（51.2分）、伙伴责任（47.5分）方面信息披露水平相对较高，但在绿色运营（33.2分）、员工责任（28.9分）方面表现较弱。食品饮料行业应加强绿色运营、员工责任方面的关键信息披露，并以此倒逼社会责任实践水平不断提升。

六　动力电池行业社会责任发展指数

（一）评价结果

本部分评价的动力电池行业主要包括为电动汽车、电动列车、电动自行车、高尔夫球车等提供动力蓄电池的相关企业，以阀口密封式铅酸蓄电池、敞口式管式铅酸蓄电池以及磷酸铁锂蓄电池等为主要动力来源。2022 年动力电池行业评价样本共有 11 家，样本企业的社会责任发展指数前 10 排名及得分如表 17 所示。

表 17 动力电池行业社会责任发展指数（2022）前 10 名

单位：分

排名	企业名称	企业性质	CSR专栏	CSR报告	责任管理指数	社会责任发展指数
★★★★						
1	LG 新能源（中国）	外资企业	有	有	69.0	74.7
2	国轩高科股份有限公司	民营企业	有	有	64.0	68.5
3	宁德时代新能源科技股份有限公司	民营企业	有	有	61.0	66.1
4	中创新航科技股份有限公司	其他国有企业	有	有	60.0	62.5
★★★						
5	欣旺达电子股份有限公司	民营企业	有	有	51.0	58.1
6	惠州亿纬锂能股份有限公司	民营企业	有	有	26.0	41.8
★★						
7	深圳市德赛电池科技股份有限公司	其他国有企业	无	无	10.0	28.5
8	蜂巢能源科技股份有限公司	民营企业	有	无	17.0	25.1
9	孚能科技（赣州）股份有限公司	民营企业	有	无	6.0	23.3
★						
10	微宏动力系统（湖州）有限公司	民营企业	有	无	8.0	7.9

（二）阶段性特征

1. 动力电池行业社会责任发展指数为41.8分，总体处于三星级水平、追赶者阶段；其中 LG 新能源（中国）、国轩高科、宁德时代、中创新航达到四星级水平

动力电池行业社会责任发展指数平均得分为 41.8 分，整体为三星级，处于追赶者阶段，在 15 个重点行业中排名第六（见图 7）。具

体来看，四星级企业 4 家，为 LG 新能源（中国）（74.7 分）、国轩
高科（68.5 分）、宁德时代（66.1 分）、中创新航（62.5 分）；三星
级企业 2 家；二星级企业 3 家；一星级企业 2 家。

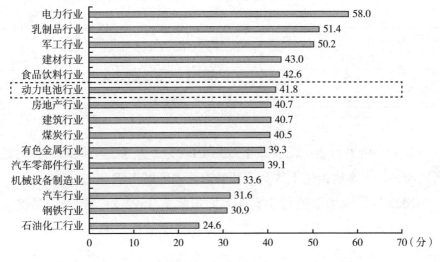

图 7　动力电池行业社会责任发展阶段与排名

2. 动力电池行业责任管理指数为33.8分，总体处于二星级水平、起步
者阶段

2022 年，动力电池行业责任管理指数为 33.8 分。其中，LG 新
能源（中国）（69.0 分）、国轩高科（64.0 分）、宁德时代（61.0
分）、中创新航（60.0 分）四家企业处于四星级水平。

从责任管理的组织、融合、沟通三个维度具体来看，动力电池行
业责任组织得分最高，为 52.1 分；责任沟通次之，为 24.6 分；责任
融合得分最低，为 15.9 分。其中，国轩高科、宁德时代、中创新航
和欣旺达在责任组织维度得分最高，均为 100.0 分，LG 新能源（中
国）为 97.5 分，均达到五星级水平；LG 新能源（中国）在责任融
合维度得分最高，为 65.0 分，达到四星级水平；国轩高科、LG 新能

源（中国）、宁德时代在责任沟通维度得分分别为45.0分、42.5分、40.0分，达到三星级水平（见表18）。

表18 动力电池行业责任管理具体表现

单位：分

责任板块	责任议题	行业平均分	行业最高分	最佳实践
责任管理 （33.8）	责任组织	52.1	100.0	国轩高科、宁德时代、中创新航、欣旺达
	责任融合	15.9	65.0	LG 新能源（中国）
	责任沟通	24.6	45.0	国轩高科

3. 动力电池行业责任实践指数为45.2分，处于三星级水平、追赶者阶段；其中本质责任指数高于社会责任和环境责任

2022 年，动力电池行业责任实践指数为45.2分，处于三星级水平、追赶者阶段。其中，本质责任指数表现最佳，为53.6分；社会责任低于本质责任，为 43.2 分；环境责任指数得分最低，为40.6分。

从责任实践的具体议题来看，动力电池行业在政府责任（59.1分）、伙伴责任（54.6分）、客户责任（53.3分）、股东责任（50.0分）方面信息披露水平相对较高，但在乡村振兴（18.9分）方面表现较弱（见表19）。动力电池行业应进一步支持巩固脱贫成果与乡村振兴的有效衔接工作，并加强关键信息披露，以此推动社会责任实践水平不断提升。

表19 动力电池行业责任实践议题得分情况

单位：分

责任板块	责任议题	行业平均分	行业最高分	最佳实践
本质责任 （53.6）	股东责任	50.0	83.3	国轩高科、宁德时代、亿纬锂能、德赛电池、孚能科技
	客户责任	53.3	85.7	LG 新能源（中国）

责任板块	责任议题	行业平均分	行业最高分	最佳实践
社会责任 （43.2）	政府责任	59.1	100.0	国轩高科、宁德时代、欣旺达
	伙伴责任	54.6	100.0	LG新能源（中国）、宁德时代
	员工责任	45.5	81.8	LG新能源（中国）、国轩高科
	安全生产	39.4	88.9	国轩高科、中创新航
	社区责任	35.2	87.5	LG新能源（中国）
	乡村振兴	18.9	58.3	宁德时代
环境责任 （40.6）	绿色管理	44.1	69.2	LG新能源（中国）、国轩高科
	绿色生产	42.4	88.9	LG新能源（中国）
	绿色运营	31.8	100.0	LG新能源（中国）

七　房地产行业社会责任发展指数

（一）评价结果

本部分评价的房地产行业是指从事基础设施建设、房屋建设，转让房地产开发项目或者销售、出租商品房的行业。2022年房地产行业评价样本共有23家，样本企业的社会责任发展指数前10排名及得分如表20所示。

表20　房地产行业社会责任发展指数（2022）前10名

单位：分

排名	企业名称	企业性质	CSR专栏	CSR报告	责任管理指数	社会责任发展指数
		★★★★				
1	华润置地有限公司	其他国有企业	有	有	79.0	68.0
2	新城控股集团股份有限公司	民营企业	有	有	66.0	67.3
3	碧桂园控股有限公司	民营企业	有	有	60.0	63.5
4	龙湖集团控股有限公司	民营企业	有	有	47.0	60.1

续表

排名	企业名称	企业性质	CSR专栏	CSR报告	责任管理指数	社会责任发展指数
		★★★				
5	万科企业股份有限公司	民营企业	有	有	42.0	59.9
6	中国海外发展有限公司	其他国有企业	无	有	58.0	55.0
7	融创中国控股有限公司	民营企业	有	有	34.0	48.9
8	广州富力地产股份有限公司	民营企业	有	有	30.0	47.8
9	中国恒大集团	民营企业	有	有	41.0	46.1
10	招商局蛇口工业区控股股份有限公司	其他国有企业	有	有	40.0	44.0

（二）阶段性特征

1. 房地产行业社会责任发展指数为40.7分，总体处于三星级水平、追赶者阶段

房地产行业社会责任发展指数平均得分为 40.7 分，整体为三星级，处于追赶者阶段，在 15 个重点行业中排名第七（见图 8）。具体来看，四星级企业 4 家；三星级企业 9 家；二星级企业 9 家；一星级企业 1 家。

2. 房地产行业责任管理指数为44.5分，总体处于三星级水平、追赶者阶段

2022 年，房地产行业责任管理指数为 44.5 分。其中，华润置地（79.0 分）、新城控股（66.0 分）、碧桂园（60.0 分）三家企业处于四星级水平。

从责任管理的组织、融合、沟通三个维度具体来看，房地产行业责任组织得分最高，为 57.1 分；责任沟通次之，为 40.8 分；责任融合得分最低，为 14.1 分。其中，碧桂园在责任组织获得 100.0 分（见表 21）。

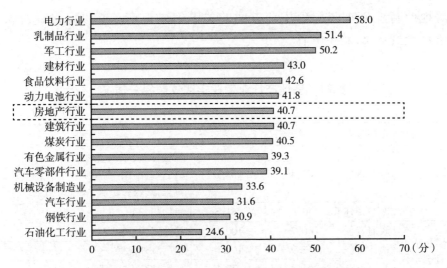

图 8　房地产行业社会责任发展阶段与排名

表 21　房地产行业责任管理具体表现

单位：分

责任板块	责任议题	行业平均分	行业最高分	最佳实践
责任管理 （44.5）	责任组织	57.1	100.0	碧桂园
	责任融合	14.1	80.0	华润置地
	责任沟通	40.8	65.5	新城控股

3. 房地产行业责任实践指数为53.4分，处于三星级水平、追赶者阶段；其中本质责任指数得分高于社会责任和环境责任

2022 年，房地产行业责任实践指数平均分为 53.4 分，处于三星级水平、追赶者阶段。其中，本质责任指数表现最佳，为 60.5 分；社会责任低于本质责任，为 52.5 分；环境责任指数得分最低，为 48.5 分（见表 22）。

从议题角度来看，房地产行业在股东责任（84.4 分）、政府责任（66.7 分）、绿色管理（56.7 分）、绿色运营（58.0 分）方面信息披露水平相对较高，但在绿色生产（28.9 分）方面表现较差。

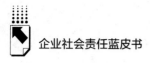

房地产行业应加强绿色生产方面的关键信息披露，并以此倒逼社会责任实践水平不断提升。

表22　房地产行业责任实践议题得分情况

单位：分

责任板块	责任议题	行业平均分	行业最高分	最佳实践
本质责任 (60.5)	股东责任	84.4	100.0	新城控股、华润置地、龙湖集团、万科、融创中国、雅居乐、广州富力、华夏幸福、绿地控股、绿城中国
	客户责任	40.0	61.5	碧桂园
社会责任 (52.5)	政府责任	66.7	100.0	碧桂园、万科
	伙伴责任	57.9	100.0	中国海外发展
	员工责任	44.8	72.7	新城控股、华润置地
	安全生产	55.9	100.0	新城控股
	社区责任	38.9	84.2	万科
环境责任 (48.5)	绿色管理	56.7	95.0	新城控股、碧桂园、龙湖集团、广州富力
	绿色生产	28.9	83.3	华润置地
	绿色运营	58.0	100.0	万科、碧桂园、广州富力、雅居乐

八　建筑行业社会责任发展指数

（一）评价结果

本部分评价的建筑行业包括房屋和土木工程建筑行业、建筑安装业、建筑装饰业和其他建筑行业四大领域，涉及建筑物的建造施工、装饰和建筑物内设备安装三大环节。2022年建筑行业评价样本共有22家，样本企业的社会责任发展指数前10排名及得分如表23所示。

表 23　建筑行业社会责任发展指数（2022）前 10 名

单位：分

排名	企业名称	企业性质	CSR专栏	CSR报告	责任管理指数	社会责任发展指数
★★★★★						
1	中国电力建设集团有限公司	中央企业	有	有	65.0	81.8
★★★★						
2	中国交通建设集团有限公司	中央企业	有	有	70.0	80.0
3	中国建筑集团有限公司	中央企业	有	有	83.0	78.4
4	中国铁道建筑集团有限公司	中央企业	有	有	37.0	60.6
★★★						
5	中国铁路工程集团有限公司	中央企业	有	有	34.0	57.7
6	中国冶金科工集团有限公司	中央企业	有	有	54.0	54.0
7	中国核工业建设股份有限公司	其他国有企业	有	有	52.1	52.9
8	上海建工集团股份有限公司	其他国有企业	有	有	45.0	52.0
9	中国能源建设集团有限公司	中央企业	有	有	42.0	49.6
10	中国铁塔股份有限公司	其他国有企业	有	有	43.2	47.0

（二）阶段性特征

1. 建筑行业社会责任发展指数为40.7分，总体处于三星级水平、追赶者阶段

建筑行业社会责任发展指数平均得分为 40.7 分，整体为三星级，处于追赶者阶段，在 15 个重点行业中排名第七（见图 9）。具体来看，五星级企业 1 家；四星级企业 3 家；三星级企业 10 家；二星级企业 3 家；一星级企业 5 家。

2. 建筑行业责任管理指数为27.1分，总体处于二星级水平、起步者阶段

2022 年，建筑行业责任管理指数为 27.1 分。其中，中国建筑（83.0 分）处于五星级水平。从责任管理的具体议题来看，建筑行业

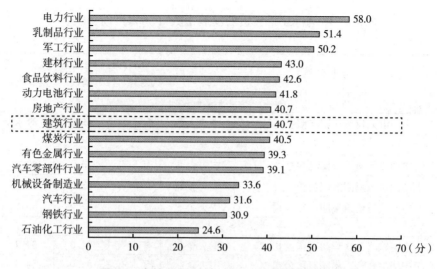

图 9　建筑行业社会责任发展阶段与排名

责任沟通得分最高，为 34.7 分；责任组织次之，为 22.0 分；责任融合得分最低，为 21.9 分。其中，中国建筑在责任融合和责任沟通维度获 80 分以上，达到五星级水平、卓越者阶段（见表 24）。

表 24　建筑行业责任管理具体表现

单位：分

责任板块	责任议题	行业平均分	行业最高分	最佳实践
责任管理 （27.1）	责任组织	22.0	75.0	中国交建、中国建筑
	责任融合	21.9	90.0	中国建筑
	责任沟通	34.7	87.5	中国建筑

3. 建筑行业责任实践指数为46.5分，处于三星级水平、追赶者阶段；其中社会责任指数高于环境责任指数和本质责任指数

2022 年建筑行业责任实践指数平均分为 46.5 分，处于三星级水平、追赶者阶段。其中，社会责任指数表现最佳，为 51.5 分；环境责任次之，为 44.3 分；本质责任指数得分最低，为 44.0 分（见表 25）。

表 25　建筑行业责任实践议题得分情况

单位：分

责任板块	责任议题	行业平均分	行业最高分	最佳实践
本质责任 （44.0）	股东责任	46.5	100.0	中国电建、中国建筑、中国铁建、中国中铁、中国能建
	客户责任	42.7	100.0	中国电建
社会责任 （51.5）	政府责任	68.4	100.0	中国交建、中国建筑、中国铁建、中国能建
	伙伴责任	48.7	100.0	中国电建、中国交建、中国中铁
	员工责任	42.1	100.0	中国交建
	安全生产	57.4	100.0	中国电建、中国交建、中国建筑
	社区责任	55.3	94.1	中国建筑
	乡村振兴	41.2	66.7	中国电建
环境责任 （44.3）	绿色管理	49.8	95.5	中国交建、中国建筑
	绿色生产	37.4	100.0	中国电建
	绿色运营	47.3	100.0	中国电建、中国交建、中国建筑

从议题角度来看，建筑行业在政府责任（68.4 分）、安全生产（57.4 分）方面信息披露水平相对较高。但在绿色生产（37.4 分）方面表现较差。建筑行业应加强绿色生产关键信息披露，并以此引导社会责任实践的改进。

九　煤炭行业社会责任发展指数

（一）评价结果

本部分评价的煤炭行业是指从事各种煤炭的开采、洗选、分级等生产活动的行业，不包括煤制品的生产和煤炭勘探活动。2022 年煤炭行业评价样本共有 17 家，样本企业的社会责任发展指数前 10 排名及得分如表 26 所示。

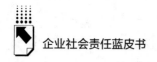

表 26　煤炭行业社会责任发展指数（2022）前 10 名

单位：分

排名	企业名称	企业性质	CSR专栏	CSR报告	责任管理指数	社会责任发展指数
★★★★★						
1	国家能源投资集团有限责任公司	中央企业	有	有	82.0	84.1
★★★★						
2	中国中煤能源集团有限公司	中央企业	有	有	42.0	64.1
3	兖矿能源集团股份有限公司	国有企业	无	有	62.0	62.3
★★★						
4	华电煤业集团有限公司	中央企业	有	有	47.0	54.8
5	冀中能源股份有限公司	国有企业	有	有	26.0	53.7
6	淮北矿业(集团)有限责任公司	国有企业	有	有	62.0	52.6
7	淮河能源控股集团有限责任公司	国有企业	有	有	21.0	43.4
★★						
8	内蒙古伊泰集团有限公司	民营企业	有	有	14.0	36.4
9	陕西煤业化工集团有限责任公司	国有企业	有	有	34.0	33.0
10	山西焦煤集团有限责任公司	国有企业	无	有	23.0	32.8

（二）阶段性特征

1. 煤炭行业社会责任发展指数为40.5分，总体处于三星级水平、追赶者阶段

煤炭行业社会责任发展指数平均得分为 40.5 分，整体为三星级水平，处于追赶者阶段。在 15 个重点行业中排名第九（见图 10）。具体来看，五星级企业 1 家，四星级企业 2 家，三星级企业 4 家，二星级企业 9 家，一星级企业 1 家。

2. 煤炭行业责任管理指数为29.6分，总体处于二星级水平、起步者阶段

2022 年，煤炭行业责任管理指数为 29.6 分。其中，国家能源集团（82.0 分）处于五星级水平，淮北矿业（62.0 分）与兖矿能源

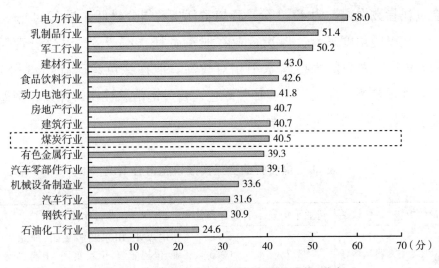

图 10　煤炭行业社会责任发展阶段与排名

（62.0 分）处于四星级水平。从责任管理的具体议题来看，煤炭行业责任沟通得分最高，为 40.4 分；责任组织次之，为 27.4 分；责任融合最低，为 12.3 分。其中，国家能源集团在责任沟通维度获得 85.0 分，达到五星级水平、卓越者阶段（见表 27）。

表 27　煤炭行业责任管理具体表现

单位：分

责任板块	责任议题	行业平均分	行业最高分	最佳实践
责任管理 （29.6）	责任组织	27.4	88.7	国家能源集团、兖矿能源
	责任融合	12.3	55.0	国家能源集团
	责任沟通	40.4	85.0	国家能源集团

3.煤炭行业责任实践指数为45.2分，处于三星级水平、追赶者阶段；本质责任指数优于社会责任和环境责任

2022 年，煤炭行业责任实践指数平均分为 45.2 分，处于三星级水平、追赶者阶段。其中，本质责任指数表现最佳，为 58.7 分；社

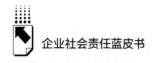

会责任指数次之，为47.3分；环境责任指数得分最低，为32.4分。

从议题角度来看，煤炭行业在股东责任（83.7分）、政府责任（81.9分）方面信息披露水平相对较高。但在绿色运营（17.3分）方面表现较差。煤炭行业应加强绿色运营关键信息披露，并以此倒逼社会责任实践的改进（见表28）。

表28　煤炭行业责任实践议题得分情况

单位：分

责任板块	责任议题	行业平均分	行业最高分	最佳实践
本质责任 （58.7）	股东责任	83.7	100.0	华电煤业、山东能源集团、淮北矿业、淮河能源、伊泰集团、山西焦煤集团、开滦集团、冀中能源
	客户责任	45.2	95.4	国家能源集团
社会责任 （47.3）	政府责任	81.9	100.0	国家能源集团、中煤集团、山东能源集团、淮北矿业、兖矿能源、郑州煤机集团、华电煤业、冀中能源集团
	伙伴责任	35.7	100.0	国家能源集团、兖矿能源
	员工责任	40.1	75.9	国家能源集团、中煤集团、华电煤业
	安全生产	50.6	100.0	国家能源集团、煤炭地质总局
	社区责任	31.3	78.6	国家能源集团、中煤集团
	乡村振兴	46.2	78.4	国家能源集团、华电煤业
环境责任 （32.4）	绿色管理	46.9	100.0	国家能源集团
	绿色生产	26.5	65.6	国家能源集团
	绿色运营	17.3	73.0	中煤集团

十　有色金属行业社会责任发展指数

（一）评价结果

本部分评价的有色金属行业是指有色金属冶炼及压延加工业，是以从事有色金属冶炼及压延加工等生产活动为主的工业行业，涉及铜冶炼、铅锌冶炼、镍钴冶炼、锡冶炼、铝冶炼、金冶炼、银冶炼、钨钼冶炼、稀土金属冶炼等。2022 年有色金属行业评价样本企业共有 21 家，样本企业的社会责任发展指数前 10 排名及得分如表29 所示。

表 29　有色金属行业社会责任发展指数（2022）前 10 名

单位：分

排名	企业名称	企业性质	CSR专栏	CSR报告	责任管理指数	社会责任发展指数
★★★★★						
1	中国铝业集团有限公司	中央企业	有	有	79.0	83.7
★★★★						
2	紫金矿业集团股份有限公司	其他国有企业	有	有	83.0	75.9
3	山东黄金集团有限公司	其他国有企业	无	有	50.0	73.5
4	江西铜业集团有限公司	其他国有企业	有	有	60.0	72.0
5	中国黄金集团有限公司	中央企业	有	有	67.0	71.1
6	中国有色矿业集团有限公司	中央企业	有	有	61.0	70.1
★★★						
7	铜陵有色金属集团控股有限公司	其他国有企业	有	有	41.0	49.6
8	洛阳栾川钼业集团股份有限公司	民营企业	有	有	62.0	47.6
★★						
9	中国北方稀土(集团)高科技股份有限公司	其他国有企业	有	无	25.0	39.0
10	山东魏桥创业集团有限公司	民营企业	有	无	18.0	34.9

（二）阶段性特征

1. 有色金属行业社会责任发展指数为39.3分，总体处于二星级水平、起步者阶段；其中中国铝业达到五星级水平

有色金属行业社会责任发展指数平均得分为 39.3 分，整体为二星级，处于起步者阶段，在 15 个重点行业中排名第十（见图 11）。具体来看，五星级企业 1 家，为中国铝业（83.7 分）；四星级企业 5 家，为紫金矿业（75.9 分）、山东黄金（73.5 分）、江西铜业（72.0 分）、中国黄金（71.1 分）、中国有色矿业（70.1 分）；三星级企业 2 家；二星级企业 7 家；一星级企业 6 家。

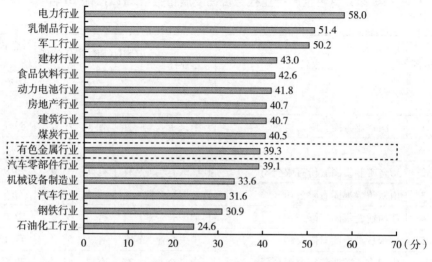

图 11　有色金属行业社会责任发展阶段与排名

2. 有色金属行业责任管理指数为41.1分，总体处于二星级水平、起步者阶段

2022 年，有色金属行业责任管理指数为 41.1 分。其中，紫金矿业（83.0 分）处于五星级水平，中国铝业（79.0 分）、中国黄金（67.0 分）、洛阳栾川钼业（62.0 分）、中国有色矿业（61.0 分）、江西铜业（60.0 分）五家企业处于四星级水平。

从责任管理的组织、融合、沟通三个维度具体来看，有色金属行业责任组织得分最高，为 38.2 分；责任沟通次之，为 33.5 分；责任融合得分最低，为 22.4 分。其中，紫金矿业和江西铜业在责任组织（100.0 分）维度得分较高，中国黄金在责任融合（85.0 分）维度得分较高，中国铝业在责任沟通（90.0 分）维度得分较高，均达到五星级水平、卓越者阶段（见表 30）。

表 30　有色金属行业责任管理具体表现

单位：分

责任板块	责任议题	行业平均分	行业最高分	最佳实践
责任管理 （41.1）	责任组织	38.2	100.0	紫金矿业、江西铜业
	责任融合	22.4	85.0	中国黄金
	责任沟通	33.5	90.0	中国铝业

3. 有色金属行业责任实践指数为41.9分，处于三星级水平、追赶者阶段；其中本质责任指数得分高于社会责任和环境责任

2022 年，有色金属行业责任实践指数为 41.9 分，处于三星级水平、追赶者阶段。其中，本质责任指数表现最佳，为 47.5 分；社会责任低于本质责任，为 43.7 分；环境责任指数得分最低，为 35.5（见表 31）。

表 31　有色金属行业责任实践议题得分情况

单位：分

责任板块	责任议题	行业平均分	行业最高分	最佳实践
本质责任 （47.5）	股东责任	55.8	100.0	洛阳栾川钼业、紫金矿业、江西铜业、山东黄金、中国北方稀土
	客户责任	43.0	100.0	中国铝业、中国有色矿业、山东黄金
社会责任 （43.7）	政府责任	54.8	80.0	中国铝业、中国有色矿业、海亮集团、洛阳栾川钼业、紫金矿业、山东黄金、中国北方稀土、金川集团
	伙伴责任	36.7	80.0	中国黄金、紫金矿业、江西铜业、山东黄金
	员工责任	30.6	75.0	铜陵有色金属集团
	安全生产	45.5	100.0	中国有色矿业、铜陵有色金属集团
	社区责任	41.7	100.0	中国铝业

续表

责任板块	责任议题	行业平均分	行业最高分	最佳实践
环境责任 (35.5)	绿色管理	44.0	84.6	中国铝业
	绿色生产	23.0	88.9	中国铝业、江西铜业
	绿色运营	36.5	100.0	中国有色矿业、铜陵有色金属集团、山东黄金

从议题角度来看,有色金属行业在股东责任(55.8分)、政府责任(54.8分)、安全生产(45.5分)、绿色管理(44.0分)方面信息披露水平相对较高,但在绿色生产(23.0分)方面表现较差。有色金属行业应加强绿色生产方面的关键信息披露,并以此倒逼社会责任实践水平不断提升。

十一 汽车零部件行业社会责任发展指数

(一)评价结果

本部分评价的汽车零部件行业是指从事机动车辆及其车身的各种零配件制造的工业行业,包括汽车部件、汽车零件等细分行业,属于制造业中汽车制造行业的分行业。2022年汽车零部件行业评价样本共有10家,样本企业的社会责任发展指数前10排名及得分如表32所示。

表32 汽车零部件行业社会责任发展指数(2022)前10名

单位:分

排名	企业名称	企业性质	CSR专栏	CSR报告	责任管理指数	社会责任发展指数
★★★★						
1	敏实集团有限公司	民营企业	有	有	50.0	67.5

续表

排名	企业名称	企业性质	CSR专栏	CSR报告	责任管理指数	社会责任发展指数
2	宁德时代新能源科技股份有限公司	民营企业	有	有	61.0	66.1
★★★						
3	潍柴动力股份有限公司	其他国有企业	有	有	40.0	53.5
4	普利司通中国	外资企业	有	有	42.0	42.6
5	北京现代摩比斯汽车零部件有限公司	外资企业	有	无	19.0	41.6
6	广西玉柴机器集团有限公司	其他国有企业	有	有	22.0	41.1
★★						
7	华域汽车系统股份有限公司	其他国有企业	有	有	0.0	32.0
8	博世（中国）投资有限公司	外资企业	有	有	13.0	30.9
★						
9	宁波拓普集团股份有限公司	合资企业	有	无	3.0	10.4
10	北京海纳川汽车部件股份有限公司	其他国有企业	有	无	8.0	5.4

（二）阶段性特征

1. 汽车零部件行业社会责任发展指数为39.1分，总体处于二星级水平、起步者阶段；其中，敏实集团、宁德时代达到四星级水平

汽车零部件行业社会责任发展指数平均得分为39.1分，整体为二星级，处于起步者阶段，在15个重点行业中排名第十一（见图12）。具体来看，四星级企业2家，为敏实集团（67.5分）、宁德时代（66.1分）；三星级企业4家；二星级企业2家；一星级企业2家。

2. 汽车零部件行业责任管理指数为25.8分，总体处于二星级水平、起步者阶段

2022年，汽车零部件行业责任管理指数为25.8分。其中，宁德

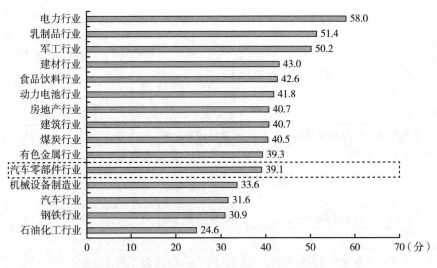

图12 汽车零部件行业社会责任发展阶段与排名

时代（61.0分）处于四星级水平，敏实集团（50.0分）、普利司通中国（42.0分）和潍柴动力（40.0分）三家企业处于三星级水平（见表33）。

表33 汽车零部件行业责任管理具体表现

单位：分

责任板块	责任议题	行业平均分	行业最高分	最佳实践
责任管理 （25.8）	责任组织	31.3	100.0	宁德时代
	责任融合	8.5	25.0	宁德时代、玉柴集团
	责任沟通	29.0	60.0	普利司通中国

从责任管理的具体议题来看，汽车零部件行业责任组织得分最高，为31.3分；责任沟通次之，为29.0分；责任融合得分最低，为8.5分。其中，宁德时代在责任组织（100.0分）维度得分较高，达到五星级水平；宁德时代和玉柴集团在责任融合（25.0分）维度得分较高，处于二星级水平；普利司通中国在责任沟通（60.0分）维

度得分较高，达到四星级水平。

3.汽车零部件行业责任实践指数为44.7分，处于三星级水平、追赶者阶段；其中社会责任指数得分高于本质责任和环境责任

2022年，汽车零部件行业责任实践指数为44.7分，处于三星级水平、追赶者阶段。其中，社会责任指数表现最佳，为47.3分；本质责任低于社会责任，为45.3分；环境责任指数得分最低，为38.2分。

从议题角度来看，汽车零部件行业在伙伴责任（68.0分）、股东责任（66.0分）、政府责任（65.0分）、安全生产（60.0分）方面信息披露水平相对较高，但在员工责任（30.0分）、乡村振兴（22.1分）方面表现较弱（见表34）。汽车零部件行业应加强员工责任、乡村振兴方面的关键信息披露，并以此倒逼社会责任实践水平不断提升。

表34　汽车零部件行业责任实践议题得分情况

单位：分

责任板块	责任议题	行业平均分	行业最高分	最佳实践
本质责任 （45.3）	股东责任	66.0	100.0	敏实集团、宁德时代、潍柴动力、普利司通中国、华域汽车
	客户责任	38.3	66.7	宁德时代
社会责任 （47.3）	政府责任	65.0	100.0	敏实集团、宁德时代、北京现代摩比斯、华域汽车
	伙伴责任	68.0	100.0	敏实集团、潍柴动力、普利司通中国、北京现代摩比斯
	员工责任	30.0	72.7	宁德时代
	安全生产	60.0	100.0	敏实集团、宁德时代
	社区责任	40.0	75.0	敏实集团、宁德时代、潍柴动力、北京现代摩比斯
	乡村振兴	22.1	100.0	敏实集团
环境责任 （38.2）	绿色管理	36.4	81.8	敏实集团、北京现代摩比斯
	绿色生产	40.0	63.6	敏实集团、北京现代摩比斯
	绿色运营	45.0	100.0	潍柴动力、普利司通中国、博世（中国）

十二 机械设备制造业社会责任发展指数

（一）评价结果

本部分评价的机械设备制造业是指从事各种动力机械，起重运输机械，农业机械，冶金矿山机械，化工机械，纺织机械，机床、工具、仪器、仪表及其他机械设备等生产的行业。2022 年机械设备制造业评价样本共有 28 家，样本企业的社会责任发展指数前 10 排名及得分如表 35 所示。

表 35 机械设备制造业社会责任发展指数（2022）前 10 名

单位：分

排名	企业名称	企业性质	CSR 专栏	CSR 报告	责任管理指数	社会责任发展指数
★★★★						
1	现代斗山工程机械有限公司	外资企业	有	有	65.0	78.0
2	中国一重集团有限公司	中央企业	有	有	61.0	73.3
3	中国通用技术（集团）控股有限责任公司	中央企业	有	有	43.0	61.7
4	新疆金风科技股份有限公司	民营企业	有	有	45.0	60.0
★★★						
5	中国国际海运集装箱（集团）股份有限公司	其他国有企业	有	有	43.0	59.4
6	中国东方电气集团有限公司	中央企业	有	有	30.0	58.3
7	上海电气集团股份有限公司	国有企业	有	有	47.0	57.9
8	哈尔滨电气集团有限公司	中央企业	有	有	41.0	56.8
9	中国机械工业集团有限公司	中央企业	有	有	39.0	52.2
10	日立（中国）有限公司	外资企业	有	有	66.0	44.8

（二）阶段性特征

1. 机械设备制造业社会责任发展指数为33.6分，总体处于二星级水平、起步者阶段；现代斗山工程机械、中国一重、通用技术和金风科技4家企业达到四星级水平

机械设备制造业社会责任发展指数平均得分为 33.6 分，整体为二星级，处于起步者阶段，在 15 个重点行业中排名第十二（见图13）。具体来看，机械设备制造业没有五星级企业；四星级企业 4 家，为现代斗山工程机械（78.0 分）、中国一重（73.3 分）、通用技术（61.7 分）和金风科技（60.0 分）；三星级企业 8 家；二星级企业 6 家；一星级企业 10 家。

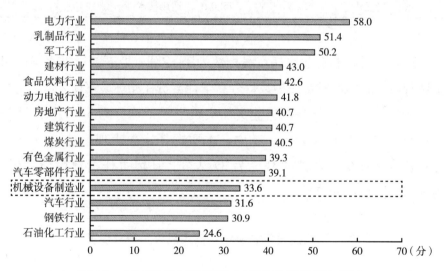

图13 机械设备制造业社会责任发展阶段与排名

2. 机械设备制造业责任管理指数为22.8分，总体处于二星级水平、起步者阶段

2022 年，机械设备制造业责任管理指数为 22.8 分。其中，日立

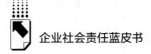

（中国）（66.0分）、现代斗山工程机械（65.0分）、中国一重（61.0分）三家企业处于四星级水平。

从责任管理的具体议题来看，机械设备制造业责任组织得分最高，为29.1分；责任沟通次之，为20.3分；责任融合得分最低，为12.3分。其中，金风科技和日立（中国）在责任组织维度得分达到100.0分（见表36）。

表36　机械设备制造业责任管理具体表现

单位：分

责任板块	责任议题	行业平均分	行业最高分	最佳实践
责任管理 （22.8）	责任组织	29.1	100.0	金风科技、日立（中国）
	责任融合	12.3	65.0	通用技术
	责任沟通	20.3	75.0	通用技术

3. 机械设备制造业责任实践指数为38.2分，处于二星级水平、起步者阶段；其中本质责任指数得分高于社会责任和环境责任

2022年，机械设备制造业责任实践指数平均分为38.2分，处于二星级水平、起步者阶段。其中，本质责任指数表现最佳，为41.7分；社会责任低于本质责任，为37.2分；环境责任指数得分最低，为36.3分（见表37）。

表37　机械设备制造业责任实践议题得分情况

单位：分

责任板块	责任议题	行业平均分	行业最高分	最佳实践
本质责任 （41.7）	股东责任	54.5	100.0	现代斗山工程机械、中国一重、金风科技、中集集团、上海电气、国机集团、三一集团
	客户责任	35.5	85.7	通用技术

责任板块	责任议题	行业平均分	行业最高分	最佳实践
社会责任 （37.2）	政府责任	45.5	100.0	现代斗山工程机械、中国一重、通用技术、金风科技、东方电气、国机集团
	伙伴责任	45.0	100.0	上海电气
	员工责任	31.8	81.8	现代斗山工程机械
	安全生产	40.1	100.0	现代斗山工程机械、中国一重、国机集团、三一集团
	社区责任	37.0	87.5	通用技术
	乡村振兴	21.1	91.7	通用技术
环境责任 （36.3）	绿色管理	47.3	88.5	中集集团
	绿色生产	25.0	77.8	现代斗山工程机械、中国一重
	绿色运营	26.8	100.0	中集集团

从议题角度来看，机械设备制造业在股东责任（54.5分）、绿色管理（47.3分）、政府责任（45.5分）方面信息披露水平相对较高，但在绿色生产（25.0分）、乡村振兴（21.1分）方面表现较弱。机械设备制造业应加强绿色生产、乡村振兴方面的关键信息披露，并以此倒逼社会责任实践水平不断提升。

十三　汽车行业社会责任发展指数

（一）评价结果

本部分评价的汽车行业特指汽车制造业中的整车制造行业，即从事乘用车、商用车等各类汽车发动机、变速器、车轴、车身等主要总成制造及整车装配的相关行业。汽车制造业在国家经济发展中，起着重要支柱作用，集中了众多领域里的新材料、新设备、新工艺和新技

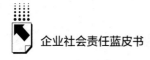

术，汽车制造业的发展直接推动了科技和工业的进步。2022 年汽车行业的评价样本由 56 家整车制造企业组成，样本企业的社会责任发展指数前 10 排名及得分如表 38 所示。

表 38　汽车行业社会责任发展指数（2022）前 10 名

单位：分

排名	企业名称	企业性质	CSR专栏	CSR报告	责任管理指数	社会责任发展指数
★★★★★						
1	现代汽车集团(中国)	外资企业	有	有	81.0	86.8
2	东风汽车集团有限公司	中央企业	有	有	88.0	84.4
3	中国第一汽车集团有限公司	中央企业	有	有	80.0	84.0
★★★★						
4	江苏悦达起亚汽车有限公司	合资企业	有	有	61.0	77.6
5	广汽本田汽车有限公司	合资企业	有	有	45.0	68.8
6	东风本田汽车有限公司	合资企业	有	有	53.0	65.9
7	浙江吉利控股集团有限公司	民营企业	有	有	46.0	65.3
8	广州小鹏汽车科技有限公司	民营企业	有	有	49.0	62.0
9	北京车和家信息技术有限公司（原重庆理想智造汽车有限公司）	民营企业	有	有	51.0	60.1
★★★						
10	上海汽车集团股份有限公司	其他国有企业	有	有	45.0	57.0

（二）阶段性特征

1. 汽车行业社会责任发展指数为31.6分，总体处于二星级水平、起步者阶段；其中，现代汽车集团（中国）、东风公司、中国一汽达到五星级水平

汽车行业社会责任发展指数为 31.6 分，整体为二星级，处于起步者阶段，在 15 个重点行业中排名第十三（见图 14）。具体来看，五星级企业 3 家，为现代汽车集团（中国）（86.8 分）、东风公司

（84.4 分）、中国一汽（84.0 分）；四星级企业 6 家；三星级企业 7 家；二星级企业 16 家；一星级企业 24 家。

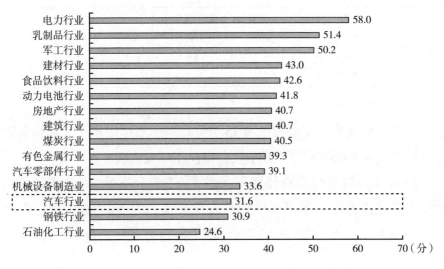

图 14 汽车行业社会责任发展阶段与排名

2. 汽车行业责任管理指数为23.2分，总体处于二星级水平、起步者阶段

2022 年，汽车行业责任管理指数为 23.2 分。其中，东风公司（88.0 分）、现代汽车集团（中国）（81.0 分）得分较高，达到五星级水平；中国一汽（80.0 分）、江苏悦达起亚（61.0 分），达到四星级水平。

从责任管理的组织、融合、沟通三个维度具体来看，汽车行业责任沟通得分最高，为 27.0 分；责任组织次之，为 26.8 分；责任融合得分最低，为 8.2 分。其中，东风公司在责任组织（100.0 分）维度得分较高，中国一汽在责任融合（85.0 分）维度得分较高，均达到五星级水平；东风公司在责任沟通（80.0 分）维度得分较高，达到四星级水平（见表 39）。

表39 汽车行业责任管理具体表现

单位：分

责任板块	责任议题	行业平均分	行业最高分	最佳实践
责任管理 （23.2）	责任组织	26.8	100.0	东风公司
	责任融合	8.2	85.0	中国一汽
	责任沟通	27.0	80.0	东风公司

3. 汽车行业责任实践指数为35.2分，处于二星级水平、起步者阶段；其中本质责任指数得分高于社会责任和环境责任

2022年，汽车行业责任实践指数为35.2分，处于二星级水平、起步者阶段。其中，本质责任指数表现最佳，为38.7分；社会责任低于本质责任，为34.8分；环境责任指数得分最低，为33.5分（见表40）。

从议题角度来看，汽车行业在政府责任（56.0分）、股东责任（49.5分）、绿色管理（45.0分）、绿色运营（44.9分）方面信息披露水平相对较高，但在乡村振兴（19.6分）、绿色生产（18.8分）方面表现较差。汽车行业应加强乡村振兴、绿色生产方面的关键信息披露，并以此倒逼社会责任实践水平不断提升。

表40 汽车行业责任实践议题得分情况

单位：分

责任板块	责任议题	行业平均分	行业最高分	最佳实践
本质责任 （38.7）	股东责任	49.5	100.0	东风公司、中国一汽、吉利控股、小鹏汽车、上汽集团、比亚迪、长安汽车、中国中车、北汽福田、一汽解放、一汽丰田、北京奔驰、蔚来汽车、江汽集团、华晨汽车
	客户责任	35.1	90.0	东风公司、吉利控股、理想汽车（北京车和家信息技术有限公司）

续表

责任板块	责任议题	行业平均分	行业最高分	最佳实践
社会责任（34.8）	政府责任	56.0	100.0	现代汽车集团（中国）、东风公司、中国一汽、江苏悦达起亚、广汽本田、东风本田、吉利控股、上汽集团、比亚迪、一汽-大众、广汽丰田、华晨宝马、长安汽车、国机汽车
	伙伴责任	40.4	100.0	现代汽车集团（中国）、中国一汽、江苏悦达起亚、广汽本田、吉利控股、上汽集团、比亚迪、大众汽车集团（中国）
	员工责任	26.5	90.9	现代汽车集团（中国）、东风公司、江苏悦达起亚、广汽本田
	安全生产	34.8	100.0	现代汽车集团（中国）、东风公司、中国一汽、江苏悦达起亚、广汽本田、东风本田、小鹏汽车、上汽集团
	社区责任	31.5	100.0	现代汽车集团（中国）
	乡村振兴	19.6	85.7	中国一汽
环境责任（33.5）	绿色管理	45.0	95.5	现代汽车集团（中国）、东风公司、上汽集团、丰田汽车（中国）
	绿色生产	18.8	100.0	一汽-大众
	绿色运营	44.9	100.0	东风公司、中国一汽、江苏悦达起亚、广汽本田、比亚迪、一汽-大众、北汽集团、广汽集团、北京现代、东风日产、通用汽车（中国）、北京奔驰、保时捷（中国）

十四 钢铁行业社会责任发展指数

（一）评价结果

本部分评价的钢铁行业是指从事矿物采选和金属冶炼加工等工业

生产活动为主的工业行业，包括金属铁、铬、锰等的矿物采选业、炼铁业、炼钢业、钢加工业、铁合金冶炼业、钢丝及其制品业等细分行业。2022 年钢铁行业评价样本共有 24 家，样本企业的社会责任发展指数前 10 排名及得分如表 41 所示。

表 41　钢铁行业社会责任发展指数（2022）前 10 名

单位：分

排名	企业名称	企业性质	CSR专栏	CSR报告	责任管理指数	社会责任发展指数
★★★★★						
1	中国宝武钢铁集团有限公司	中央企业	有	有	95.0	84.1
★★★★						
2	浦项（中国）投资有限公司	外资企业	有	有	68.0	78.9
3	新兴际华集团有限公司	中央企业	有	有	80.0	77.0
4	鞍钢集团有限公司	中央企业	有	无	50.0	60.5
★★★						
5	北京建龙重工集团有限公司	民营企业	有	有	19.0	51.2
6	中信泰富特钢集团有限公司	民营企业	有	有	34.0	50.2
7	杭州钢铁集团有限公司	其他国有企业	有	无	7.0	45.1
★★						
8	河钢集团有限公司	其他国有企业	有	有	29.0	33.2
9	中国宏桥集团有限公司	民营企业	有	有	19.0	27.2
10	上海德龙钢铁集团有限公司	民营企业	有	无	38.0	25.4

（二）阶段性特征

1. 钢铁行业社会责任发展指数为 30.9 分，总体处于二星级水平、起步者阶段；其中中国宝武达到五星级水平

钢铁行业社会责任发展指数平均得分为 30.9 分，整体为二星级，处于起步者阶段，在 15 个重点行业中排名第十四（见图 15）。具体来看，五星级企业 1 家，为中国宝武（84.1 分）；四星级企业

3家，为中国浦项（78.9分）、新兴际华集团（77.0分）、鞍钢集团（60.5分）；三星级企业3家；二星级企业5家；一星级企业12家。

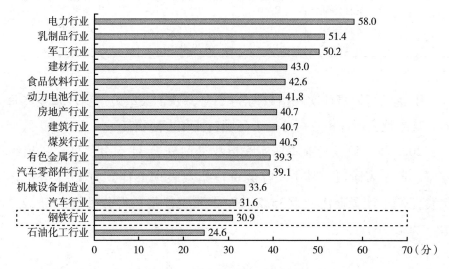

图15 钢铁行业社会责任发展阶段与排名

2. 钢铁行业责任管理指数为20.5分，总体处于二星级水平、起步者阶段

2022年，钢铁行业责任管理指数为20.5分。其中，中国宝武（95.0分）处于五星级水平，新兴际华集团（80.0分）、中国浦项（68.0分）两家企业处于四星级水平。

从责任管理的具体议题来看，钢铁行业责任沟通得分最高，为22.0分；责任组织次之，为21.3分；责任融合得分最低，为16.3分。其中，中国宝武在责任组织（91.0分）、责任沟通（96.5分）、责任融合（100.0分）维度得分较高，新兴际华集团在责任组织（87.5分）维度得分较高，均达到五星级水平、卓越者阶段（见表42）。

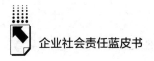
表 42　钢铁行业责任管理具体表现

单位：分

责任板块	责任议题	行业平均分	行业最高分	最佳实践
责任管理 （20.5）	责任沟通	22.0	96.5	中国宝武
	责任组织	21.3	91.0	中国宝武
	责任融合	16.3	100.0	中国宝武

3. 钢铁行业责任实践指数为34.5分，处于二星级水平、起步者阶段；其中社会责任指数得分高于环境责任和本质责任

2022 年，钢铁行业责任实践指数平均分为 34.5 分，处于二星级水平、起步者阶段。其中，社会责任指数表现最佳，为 35.7 分；环境责任低于社会责任，为 35.2 分；本质责任指数得分最低，为 32.1 分（见表 43）。

表 43　钢铁行业责任实践议题得分情况

单位：分

责任板块	责任议题	行业平均分	行业最高分	最佳实践
本质责任 （32.1）	股东责任	40.3	100.0	中国宝武、新兴际华集团、北京建龙重工集团、中信泰富特钢集团、东方集团
	客户责任	27.9	85.7	中国浦项
社会责任 （35.7）	政府责任	54.7	100.0	中国宝武、中国浦项、新兴际华集团、河钢集团、首钢集团
	伙伴责任	29.6	100.0	中国浦项、新兴际华集团
	员工责任	28.6	90.9	中国宝武、新兴际华集团
	安全生产	36.3	100.0	中国宝武、中国浦项
	社区责任	41.4	85.7	中国宝武
	乡村振兴	27.1	100.0	杭州钢铁集团
环境责任 （35.2）	绿色管理	42.6	88.5	新兴际华集团
	绿色生产	26.2	100.0	中国浦项
	绿色运营	34.0	100.0	中国宝武、中国浦项、冀南钢铁集团

从议题角度来看，钢铁行业在政府责任（54.7分）、绿色管理（42.6分）、社区责任（41.4分）、股东责任（40.3分）方面信息披露水平相对较高，但在客户责任（27.9分）、乡村振兴（27.1分）、绿色生产（26.2分）方面表现较差。钢铁行业应加强绿色生产、乡村振兴、客户责任方面的关键信息披露，并以此倒逼社会责任实践水平不断提升。

十五　石油化工行业社会责任发展指数

（一）评价结果

本部分评价的石油化工行业包括油气勘探、油气田开发、钻井工程、采油工程、油气集输、原油储运、石油炼制、化工生产、油品/化工销售等，生产社会需要的汽油、煤油、柴油、润滑油、化工原料、合成树脂、合成橡胶、合成纤维、化肥等多种石油、化工产品。2022年石油化工行业评价样本共有26家，样本企业的社会责任发展指数前10排名及得分如表44所示。

表44　石油化工行业社会责任发展指数（2022）前10名

单位：分

排名	企业名称	企业性质	CSR专栏	CSR报告	责任管理指数	社会责任发展指数
★★★★★						
1	中国石油化工集团有限公司	中央企业	有	有	85.0	86.0
★★★★						
2	LG化学(中国)投资有限公司	外资企业	有	有	65.0	74.5
3	中国石油天然气集团有限公司	中央企业	有	有	50.0	74.3
★★★						
4	中国海洋石油集团有限公司	中央企业	有	有	47.0	56.9

续表

排名	企业名称	企业性质	CSR专栏	CSR报告	责任管理指数	社会责任发展指数
5	云天化集团有限公司	其他国有企业	无	有	19.0	44.2
6	荣盛石化股份有限公司	民营企业	有	有	17.0	42.2
★★						
7	山东京博控股股份有限公司	民营企业	无	有	17.0	32.6
8	万华化学集团股份有限公司	民营企业	有	有	22.0	33.4
9	中国平煤神马能源化工集团有限公司	其他国有企业	有	有	5.0	21.5
★						
10	新疆中泰(集团)有限责任公司	其他国有企业	有	无	5.0	19.8

(二)阶段性特征

1. 石油化工行业社会责任发展指数为24.6分，总体处于二星级水平、起步者阶段；其中中国石化达到五星级水平

石油化工行业社会责任发展指数为24.6分，整体为二星级，处于起步者阶段，在15个重点行业中排名第十五（见图16）。具体来看，五星级企业1家，为中国石化（86.0分）；四星级企业2家，为LG化学（中国）（74.5分）、中国石油（74.3分）；三星级企业3家；二星级企业3家；一星级企业17家。

2. 石油化工行业责任管理指数为15.3分，总体处于一星级水平、旁观者阶段

2022年，石油化工行业责任管理指数为15.3分。其中，中国石化（85.0分）处于五星级水平，LG化学（中国）（65.0分）处于四星级水平。

从责任管理的组织、融合、沟通三个维度具体来看，石油化工行

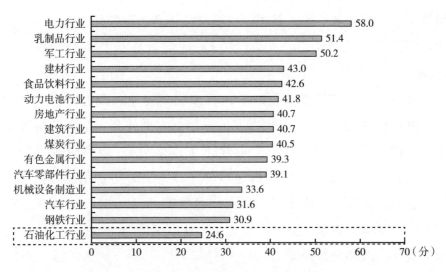

图 16　石油化工行业社会责任发展阶段与排名

业责任沟通得分最高，为 20.5 分；责任组织次之，为 12.3 分；责任融合得分最低，为 11.0 分。其中，中国石化在责任组织（87.5 分）和责任沟通（87.5 分）维度得分较高，LG 化学（中国）在责任融合（80.0 分）维度得分较高，均达到五星级水平、卓越者阶段（见表 45）。

表 45　石油化工行业责任管理具体表现

单位：分

责任板块	责任议题	行业平均分	行业最高分	最佳实践
责任管理 （15.3）	责任组织	12.3	87.5	中国石化
	责任融合	11.0	80.0	LG 化学（中国）
	责任沟通	20.5	87.5	中国石化

3. 石油化工行业责任实践指数为28.6分，处于二星级水平、起步者阶段；其中社会责任指数得分高于本质责任和环境责任

2022 年，石油化工行业责任实践指数平均分为 28.6 分，处于二

119

星级水平、起步者阶段。其中，社会责任指数表现最佳，为 33.4 分；本质责任低于社会责任，为 27.4 分；环境责任指数得分最低，为 24.8 分（见表 46）。

从责任实践的具体议题来看，石油化工行业在政府责任（46.3 分）和社区责任（44.2 分）方面披露信息水平较高，达到三星级水平；伙伴责任（35.0 分）、股东责任（33.2 分）、绿色管理（31.1 分）、员工责任（29.0 分）、绿色运营（27.6 分）方面信息披露水平相对较高，达到二星级水平，但在绿色生产（16.5 分）方面表现较弱。作为环境敏感型企业，石油化工行业应该更加注重在绿色生产方面的责任实践和信息披露。

表 46　石油化工行业责任实践议题得分情况

单位：分

责任板块	责任议题	行业平均分	行业最高分	最佳实践
本质责任 （27.4）	股东责任	33.2	100.0	中国石化、中国石油、云天化、中国海油、荣盛石化
	客户责任	24.1	100.0	中国石油
社会责任 （33.4）	政府责任	46.3	100.0	中国石化、中国石油、云天化、中国海油、中国万达集团
	伙伴责任	35.0	100.0	中国石化、中国中化
	员工责任	29.0	72.7	中国石化、LG 化学（中国）、中国海油
	安全生产	24.2	100.0	LG 化学（中国）
	社区责任	44.2	91.7	中国海油
	乡村振兴	23.3	78.6	中国石油
环境责任 （24.8）	绿色管理	31.1	100.0	LG 化学（中国）
	绿色生产	16.5	94.4	中国石化
	绿色运营	27.6	100.0	中国石化、LG 化学（中国）、万华化学

附　　录

Appendices

B.6
中国企业300强社会责任发展指数排名（2022）[*]

排名	企业名称	行业	企业性质	CSR专栏	CSR报告	社会责任发展指数	星级
1	华润（集团）有限公司	混业（电力生产业；酒精及饮料酒制造业；房地产业）	中央企业	有	有	92.8	★★★★★
2	三星（中国）投资有限公司	混业（电子产品及电子元件制造业；通信设备制造业）	外资企业	有	有	90.3	★★★★★
3	现代汽车集团（中国）	交通运输设备制造业	外资企业	有	有	86.8	★★★★★
4	中国石油化工集团有限公司	石油和天然气开采业与加工业	中央企业	有	有	86.0	★★★★★

——————————

* 该榜单仅展示前100名企业得分情况。

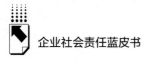

续表

排名	企业名称	行业	企业性质	CSR专栏	CSR报告	社会责任发展指数	星级
5	中国建材集团有限公司	非金属矿物制品业	中央企业	有	有	85.9	★★★★★
6	中国华电集团有限公司	电力生产业	中央企业	有	有	85.3	★★★★★
7	国家开发投资集团有限公司	混业（电力生产业；一般采矿业；交通运输服务业）	中央企业	有	有	84.8	★★★★★
8	东风汽车集团有限公司	交通运输设备制造业	中央企业	有	有	84.4	★★★★★
9	国家电网有限公司	电力供应业	中央企业	有	有	84.2	★★★★★
9	中国南方电网有限责任公司	电力供应业	中央企业	有	有	84.2	★★★★★
11	中国宝武钢铁集团有限公司	金属冶炼及压延加工业	中央企业	有	有	84.1	★★★★★
11	国家能源投资集团有限责任公司	混业（煤炭开采与洗选业；电力生产业）	中央企业	有	有	84.1	★★★★★
13	中国第一汽车集团有限公司	交通运输设备制造业	中央企业	有	有	84.0	★★★★★
14	中国铝业集团有限公司	混业（金属冶炼及压延加工业；一般采矿业；批发贸易业）	中央企业	有	有	83.8	★★★★★
15	中国移动通信集团有限公司	通信服务业	中央企业	有	有	82.0	★★★★★
16	中国电力建设集团有限公司	混业（建筑业；机械设备制造业）	中央企业	有	有	81.8	★★★★★
17	中国交通建设集团有限公司	建筑业	中央企业	有	有	80.0	★★★★

续表

排名	企业名称	行业	企业性质	CSR专栏	CSR报告	社会责任发展指数	星级
17	松下电器中国东北亚公司	混业（电子产品及电子元件制造业；家用电器制造业）	外资企业	有	有	80.0	★★★★
17	中国LG	混业（电子产品及电子元件制造业；家用电器制造业、工业化学品制造业）	外资企业	有	有	80.0	★★★★
20	浦项（中国）投资有限公司	金属冶炼及压延加工业	外资企业	有	有	78.9	★★★★
21	华为投资控股有限公司	通信设备制造业	民营企业	有	有	78.5	★★★★
22	中国电信集团有限公司	通信服务业	中央企业	有	有	78.4	★★★★
22	中国建筑集团有限公司	建筑业	中央企业	有	有	78.4	★★★★
24	腾讯控股有限公司	互联网服务业	民营企业	有	有	78.3	★★★★
24	中国华能集团有限公司	电力生产业	中央企业	有	有	78.3	★★★★
26	中国旅游集团有限公司[香港中旅（集团）有限公司]	旅游业	中央企业	有	有	78.2	★★★★
27	中国联合网络通信集团有限公司	通信服务业	中央企业	有	有	78.1	★★★★
28	内蒙古伊利实业集团股份有限公司	食品饮料业	民营企业	有	有	77.8	★★★★
29	新兴际华集团有限公司	金属冶炼及压延加工业	中央企业	有	有	77.0	★★★★

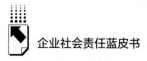

续表

排名	企业名称	行业	企业性质	CSR专栏	CSR报告	社会责任发展指数	星级
29	中国节能环保集团有限公司	废弃资源及废旧材料回收加工业	中央企业	有	有	77.0	★★★★
31	台达	电子产品及电子元件制造业	外资企业	有	有	75.8	★★★★
31	苹果公司	电子产品及电子元件制造业	外资企业	有	有	75.8	★★★★
33	中国盐业集团有限公司	混业（食品饮料业；工业化学品制造业）	中央企业	有	有	75.4	★★★★
34	中国民生银行股份有限公司	银行业	民营企业	有	有	75.3	★★★★
35	SK中国	混业（工业化学品制造业、电子产品及电子元件制造业、交通运输服务业）	外资企业	有	有	74.5	★★★★
35	LG化学（中国）投资有限公司	混业（石油和天然气开采业与加工业；电子产品及电子元件制造业；医药生物制造业）	外资企业	有	有	74.5	★★★★
37	北京控股集团有限公司	混业（环保产业；公用事业和基础设施；酒精及饮料酒制造业）	其他国有企业	有	无	74.4	★★★★
38	中国石油天然气集团有限公司	石油和天然气开采业与加工业	中央企业	有	有	74.3	★★★★
39	中国长江三峡集团有限公司	电力生产业	中央企业	有	有	74.2	★★★★
40	中国黄金集团有限公司	一般采矿业	中央企业	有	有	74.1	★★★★
41	珠海华发集团有限公司	一般服务业	其他国有企业	有	有	73.6	★★★★
42	中国一重集团有限公司	机械设备制造业	中央企业	有	有	73.3	★★★★

排名	企业名称	行业	企业性质	CSR专栏	CSR报告	社会责任发展指数	星级
43	阿里巴巴集团控股有限公司	互联网服务业	民营企业	有	有	69.9	★★★★
44	中国有色矿业集团有限公司	混业（一般采矿业；金属冶炼及压延加工业；建筑业）	中央企业	有	有	68.6	★★★★
45	华侨城集团有限公司	混业（文化娱乐业；旅游业；房地产开发业；电子产品及电子元件制造业）	中央企业	有	有	68.2	★★★★
46	中粮集团有限公司	混业（食品饮料业；房地产开发业；批发贸易业）	中央企业	有	有	68.0	★★★★
47	国家电力投资集团有限公司	电力生产业	中央企业	有	有	67.8	★★★★
48	蚂蚁科技集团股份有限公司	互联网服务业	民营企业	有	无	67.7	★★★★
49	新城控股集团股份有限公司	房地产开发业	民营企业	有	有	67.3	★★★★
50	复星国际有限公司	混业（医药生物制造业；旅游业；文化娱乐业）	民营企业	有	有	65.7	★★★★
51	SK 海力士	电子产品及电子元件制造业	外资企业	有	有	65.6	★★★★
52	浙江吉利控股集团有限公司	交通运输设备制造业	民营企业	有	有	65.3	★★★★
53	中国绿发投资集团有限公司	电力生产业	中央企业	有	有	65.0	★★★★
54	中国南方航空集团有限公司	交通运输服务业	中央企业	有	有	64.5	★★★★
55	中国大唐集团有限公司	电力生产业	中央企业	有	有	64.4	★★★★

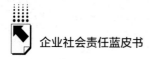

续表

排名	企业名称	行业	企业性质	CSR专栏	CSR报告	社会责任发展指数	星级
55	TCL 集团股份有限公司	家用电器制造业	民营企业	有	有	64.4	★★★★
57	中国中煤能源集团有限公司	煤炭开采与洗选业	中央企业	有	有	64.1	★★★★
58	碧桂园控股有限公司	房地产开发业	民营企业	有	有	63.5	★★★★
58	温氏食品集团股份有限公司	农林牧渔业	民营企业	有	有	63.5	★★★★
60	佳能（中国）有限公司	混业（电子产品及电子元件制造业；计算机及相关设备制造业；计算机服务业）	外资企业	有	有	63.4	★★★★
61	台积电	电子产品及电子元件制造业	外资企业	有	有	62.5	★★★★
62	北京京东世纪贸易有限公司	互联网服务业	民营企业	有	有	62.0	★★★★
63	中国通用技术（集团）控股有限责任公司	混业（机械设备制造业；医药生物制造业；批发贸易业）	中央企业	有	有	61.7	★★★★
64	中国铁道建筑集团有限公司	建筑业	中央企业	有	有	60.6	★★★★
64	中国远洋海运集团有限公司	交通运输服务业	中央企业	有	有	60.6	★★★★
66	鞍钢集团有限公司	金属冶炼及压延加工业	中央企业	有	无	60.5	★★★★
67	中国东方航空集团有限公司	交通运输服务业	中央企业	有	有	60.4	★★★★
68	龙湖集团控股有限公司	房地产开发业	民营企业	有	有	60.1	★★★★

续表

排名	企业名称	行业	企业性质	CSR专栏	CSR报告	社会责任发展指数	星级
68	中国太平洋保险（集团）股份有限公司	保险业	国有金融企业	有	有	60.1	★★★★
70	万科企业股份有限公司	房地产开发业	民营企业	有	有	59.9	★★★
71	中国国际海运集装箱（集团）股份有限公司	机械设备制造业	其他国有企业	有	有	59.4	★★★
72	中兴通讯股份有限公司	通信设备制造业	民营企业	有	有	59.2	★★★
73	通威集团有限公司	农林牧渔业	民营企业	有	有	58.9	★★★
73	中国国际技术智力合作集团有限公司	一般服务业	中央企业	有	有	58.9	★★★
75	唯品会（中国）有限公司	零售业	民营企业	有	有	58.8	★★★
76	中国东方电气集团有限公司	机械设备制造业	中央企业	有	有	58.3	★★★
77	广州网易计算机系统有限公司	互联网服务业	民营企业	有	有	57.8	★★★
78	中国铁路工程集团有限公司	建筑业	中央企业	有	有	57.7	★★★
79	华夏银行股份有限公司	银行业	民营企业	有	有	57.0	★★★
79	上海汽车集团股份有限公司	交通运输设备制造业	其他国有企业	有	有	57.0	★★★
81	中国海洋石油集团有限公司	石油和天然气开采业与加工业	中央企业	有	有	56.9	★★★
82	哈尔滨电气集团有限公司	机械设备制造业	中央企业	有	有	56.8	★★★

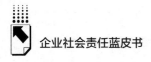

续表

排名	企业名称	行业	企业性质	CSR专栏	CSR报告	社会责任发展指数	星级
83	中国建设银行股份有限公司	银行业	国有金融企业	有	有	56.3	★★★
84	交通银行股份有限公司	银行业	国有金融企业	有	有	55.9	★★★
85	中国人寿保险(集团)公司	保险业	国有金融企业	有	无	55.8	★★★
86	比亚迪股份有限公司	交通运输设备制造业	民营企业	有	有	55.7	★★★
87	新奥集团股份有限公司	燃气的生产和供应业	民营企业	无	有	55.6	★★★
88	中国农业银行股份有限公司	银行业	国有金融企业	有	有	55.2	★★★
89	北京三快科技有限公司	互联网服务业	民营企业	有	有	53.8	★★★
89	兴业银行股份有限公司	银行业	民营企业	有	有	53.8	★★★
91	五粮液集团有限公司	食品饮料业	其他国有企业	有	有	53.7	★★★
92	海尔集团公司	家用电器制造业	民营企业	有	有	52.8	★★★
93	招商银行股份有限公司	银行业	国有金融企业	有	有	52.6	★★★
94	百度股份有限公司	互联网服务业	民营企业	有	有	52.4	★★★
95	中国机械工业集团有限公司	混业(机械设备制造业;建筑业;批发贸易业)	中央企业	有	有	52.2	★★★
96	物产中大集团股份有限公司	批发贸易业	其他国有企业	有	有	51.6	★★★
97	顺丰控股股份有限公司	交通运输服务业	民营企业	有	有	51.2	★★★
98	联想控股股份有限公司	电子产品及电子元件制造业	民营企业	有	有	50.7	★★★

续表

排名	企业名称	行业	企业性质	CSR专栏	CSR报告	社会责任发展指数	星级
99	招商局集团有限公司	混业（交通运输服务业；房地产开发业；银行业）	中央企业	有	有	50.3	★★★
100	中国电子信息产业集团有限公司	电子产品及电子元件制造业	中央企业	有	有	49.6	★★★
100	中国能源建设集团有限公司	建筑业	中央企业	有	有	49.6	★★★
100	铜陵有色金属集团控股有限公司	金属冶炼及压延加工业	其他国有企业	有	有	49.6	★★★

B.7
国有企业100强社会责任发展指数排名（2022）[*]

排名	企业名称	企业性质	行业	社会责任发展指数	星级
1	华润（集团）有限公司	中央企业	混业（电力生产业；酒精及饮料酒制造业；房地产业）	92.8	★★★★★
2	中国石油化工集团有限公司	中央企业	石油和天然气开采业与加工业	86.0	★★★★★
3	中国建材集团有限公司	中央企业	非金属矿物制品业	85.9	★★★★★
4	中国华电集团有限公司	中央企业	电力生产业	85.3	★★★★★
5	国家开发投资集团有限公司	中央企业	混业（电力生产业；一般采矿业；交通运输服务业）	84.8	★★★★★
6	东风汽车集团有限公司	中央企业	交通运输设备制造业	84.4	★★★★★
7	国家电网有限公司	中央企业	电力供应业	84.2	★★★★★
7	中国南方电网有限责任公司	中央企业	电力供应业	84.2	★★★★★
9	中国宝武钢铁集团有限公司	中央企业	金属冶炼及压延加工业	84.1	★★★★★
9	国家能源投资集团有限责任公司	中央企业	混业（煤炭开采与洗选业；电力生产业）	84.1	★★★★★

续表

排名	企业名称	企业性质	行业	社会责任发展指数	星级
11	中国第一汽车集团有限公司	中央企业	交通运输设备制造业	84.0	★★★★★
12	中国铝业集团有限公司	中央企业	混业（金属冶炼及压延加工业；一般采矿业；批发贸易业）	83.8	★★★★★
13	中国移动通信集团有限公司	中央企业	通信服务业	82.0	★★★★★
14	中国电力建设集团有限公司	中央企业	混业（建筑业；机械设备制造业）	81.8	★★★★★
15	中国交通建设集团有限公司	中央企业	建筑业	80.0	★★★★
16	中国电信集团有限公司	中央企业	通信服务业	78.4	★★★★
16	中国建筑集团有限公司	中央企业	建筑业	78.4	★★★★
18	中国华能集团有限公司	中央企业	电力生产业	78.3	★★★★
19	中国旅游集团有限公司［香港中旅（集团）有限公司］	中央企业	旅游业	78.2	★★★★
20	中国联合网络通信集团有限公司	中央企业	通信服务业	78.1	★★★★
21	新兴际华集团有限公司	中央企业	金属冶炼及压延加工业	77.0	★★★★
21	中国节能环保集团有限公司	中央企业	废弃资源及废旧材料回收加工业	77.0	★★★★
23	中国盐业集团有限公司	中央企业	混业（食品饮料业；工业化学品制造业）	75.4	★★★★
24	北京控股集团有限公司	其他国有企业	混业（环保产业；公用事业和基础设施；酒精及饮料酒制造业）	74.4	★★★★
25	中国石油天然气集团有限公司	中央企业	石油和天然气开采业与加工业	74.3	★★★★

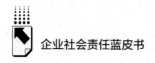

续表

排名	企业名称	企业性质	行业	社会责任发展指数	星级
26	中国长江三峡集团有限公司	中央企业	电力生产业	74.2	★★★★
27	中国黄金集团有限公司	中央企业	一般采矿业	74.1	★★★★
28	珠海华发集团有限公司	其他国有企业	一般服务业	73.6	★★★★
29	中国一重集团有限公司	中央企业	机械设备制造业	73.3	★★★★
30	中国有色矿业集团有限公司	中央企业	混业（一般采矿业；金属冶炼及压延加工业；建筑业）	68.6	★★★★

民营企业100强社会责任发展指数排名（2022）*

排名	企业名称	总部所在地	行业	社会责任发展指数	星级
1	华为投资控股有限公司	广东	通信设备制造业	78.5	★★★★
2	腾讯控股有限公司	广东	互联网服务业	78.3	★★★★
3	内蒙古伊利实业集团股份有限公司	内蒙古	食品饮料业	77.8	★★★★
4	中国民生银行股份有限公司	北京	银行业	75.3	★★★★
5	阿里巴巴集团控股有限公司	浙江	互联网服务业	69.9	★★★★
6	蚂蚁科技集团股份有限公司	浙江	互联网服务业	67.7	★★★★
7	新城控股集团股份有限公司	上海	房地产开发业	67.3	★★★★
8	复星国际有限公司	上海	混业(医药生物制造业;旅游业;文化娱乐业)	65.7	★★★★
9	浙江吉利控股集团有限公司	浙江	交通运输设备制造业	65.3	★★★★
10	TCL集团股份有限公司	广东	家用电器制造业	64.4	★★★★
11	碧桂园控股有限公司	广东	房地产开发业	63.5	★★★★

---

* 该榜单仅展示前30名企业得分情况。

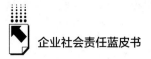

续表

排名	企业名称	总部所在地	行业	社会责任发展指数	星级
11	温氏食品集团股份有限公司	广东	农林牧渔业	63.5	★★★★
13	北京京东世纪贸易有限公司	北京	互联网服务业	62.0	★★★★
14	龙湖集团控股有限公司	中国香港	房地产开发业	60.1	★★★★
15	万科企业股份有限公司	广东	房地产开发业	59.9	★★★
16	中兴通讯股份有限公司	广东	通信设备制造业	59.2	★★★
17	通威集团有限公司	四川	农林牧渔业	58.9	★★★
18	唯品会(中国)有限公司	广东	零售业	58.8	★★★
19	广州网易计算机系统有限公司	广东	互联网服务业	57.8	★★★
20	华夏银行股份有限公司	北京	银行业	57.0	★★★
21	比亚迪股份有限公司	广东	交通运输设备制造业	55.7	★★★
22	新奥集团股份有限公司	河北	燃气的生产和供应业	55.6	★★★
23	北京三快科技有限公司	北京	互联网服务业	53.8	★★★
23	兴业银行股份有限公司	福建	银行业	53.8	★★★
25	海尔集团公司	山东	家用电器制造业	52.8	★★★
26	百度股份有限公司	北京	互联网服务业	52.4	★★★
27	顺丰控股股份有限公司	广东	交通运输服务业	51.2	★★★
28	联想控股股份有限公司	北京	电子产品及电子元件制造业	50.7	★★★

排名	企业名称	总部所在地	行业	社会责任发展指数	星级
29	北京建龙重工集团有限公司	北京	混业（金属冶炼及压延加工业；金属制品业）	49.2	★★★
30	融创中国控股有限公司	天津	房地产开发业	49.0	★★★

B.9
外资企业100强社会责任发展指数排名（2022）[*]

排名	公司名称	国家/地区	行业	社会责任发展指数	星级
1	三星（中国）投资有限公司	北京	混业（电子产品及电子元件制造业；通信设备制造业）	90.3	★★★★★
2	现代汽车集团（中国）	北京	交通运输设备制造业	86.8	★★★★★
3	松下电器中国东北亚公司	北京	混业（电子产品及电子元件制造业；家用电器制造业）	80.0	★★★★
3	中国LG	北京	混业（电子产品及电子元件制造业；家用电器制造业）	80.0	★★★★
5	浦项（中国）投资有限公司	北京	金属冶炼及压延加工业	78.9	★★★★
6	台达	上海	电子产品及电子元件制造业	75.8	★★★★
6	苹果公司	上海	电子产品及电子元件制造业	75.8	★★★★
8	SK中国	北京	混业（工业化学品制造业、电子产品及电子元件制造业、交通运输服务业）	74.5	★★★★

* 该榜单仅展示前30名企业得分情况。

续表

排名	公司名称	国家/地区	行业	社会责任发展指数	星级
8	LG 化学（中国）投资有限公司	北京	混业（石油和天然气开采业与加工业；电子产品及电子元件制造业；医药生物制造业）	74.5	★★★★
10	SK 海力士	无锡	电子产品及电子元件制造业	65.6	★★★★
11	佳能（中国）有限公司	北京	混业（电子产品及电子元件制造业；计算机及相关设备制造业；计算机服务业）	63.4	★★★★
12	台积电	上海	电子产品及电子元件制造业	62.5	★★★★
13	长江和记实业有限公司	中国香港	混业（交通运输服务业；零售业；通信服务业）	46.2	★★★
14	鸿海精密工业股份有限公司	中国台湾	电子产品及电子元件制造业	44.3	★★★
15	宝洁（中国）有限公司	广东	日用化学品制造业	43.9	★★★
16	索尼（中国）有限公司	北京	混业（电子产品及电子元件制造业；家用电器制造业）	41.3	★★★
17	麦德龙（中国）	上海	零售业	35.7	★★
17	花旗银行（中国）有限公司	上海	银行业	35.7	★★
19	丰田汽车（中国）投资有限公司	北京	交通运输设备制造业	32.8	★★
20	巴斯夫（中国）有限公司	上海	工业化学品制造业	31.3	★★
21	三井住友银行（中国）有限公司	上海	银行业	29.7	★★

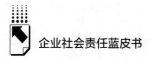

续表

排名	公司名称	国家/地区	行业	社会责任发展指数	星级
22	丰田通商(中国)有限公司	广东	交通运输设备制造业	27.6	★★
23	法国兴业银行(中国)有限公司	北京	银行业	27.0	★★
24	通用汽车(中国)	上海	交通运输设备制造业	26.4	★★
25	东芝(中国)有限公司	上海	混业(电子产品及电子元件制造业;家用电器制造业;计算机及相关设备制造业)	19.9	★
26	罗氏中国	上海	医药生物制造业	19.0	★
27	大众汽车集团(中国)	北京	交通运输设备制造业	18.8	★
28	汇丰银行(中国)有限公司	上海	银行业	18.6	★
29	微软中国	北京	互联网服务业	17.4	★
30	卡特彼勒(中国)投资有限公司	北京	机械设备制造业	16.4	★
30	永旺(中国)投资有限公司	北京	零售业	16.4	★

B.10
中国企业300强责任管理指数排名（2022）*

排名	企业名称	企业性质	行业	CSR专栏	CSR报告	责任管理指数	星级
1	华润（集团）有限公司	中央企业	混业（电力生产业；酒精及饮料酒制造业；房地产业）	有	有	96.0	★★★★★
2	中国宝武钢铁集团有限公司	中央企业	金属冶炼及压延加工业	有	有	95.0	★★★★★
3	三星（中国）投资有限公司	外资企业	混业（电子产品及电子元件制造业；通信设备制造业）	有	有	91.0	★★★★★
3	中国华电集团有限公司	中央企业	电力生产业	有	有	91.0	★★★★★
3	国家开发投资集团有限公司	中央企业	混业（电力生产业；一般采矿业；交通运输服务业）	有	有	91.0	★★★★★
6	东风汽车集团有限公司	中央企业	交通运输设备制造业	有	有	88.0	★★★★★
7	中国石油化工集团有限公司	中央企业	石油和天然气开采业与加工业	有	有	85.0	★★★★★
7	中国移动通信集团有限公司	中央企业	通信服务业	有	有	85.0	★★★★★
9	国家电网有限公司	中央企业	电力供应业	有	有	84.0	★★★★★

* 该榜单仅展示前100名企业得分情况。

续表

排名	企业名称	企业性质	行业	CSR专栏	CSR报告	责任管理指数	星级
9	中国南方电网有限责任公司	中央企业	电力供应业	有	有	84.0	★★★★★
11	中国建材集团有限公司	中央企业	非金属矿物制品业	有	有	83.0	★★★★★
11	中国建筑集团有限公司	中央企业	建筑业	有	有	83.0	★★★★★
11	北京控股集团有限公司	其他国有企业	混业(环保产业;公用事业和基础设施;酒精及饮料酒制造业)	有	无	83.0	★★★★★
14	国家能源投资集团有限责任公司	中央企业	混业(煤炭开采与洗选业;电力生产业)	有	有	82.0	★★★★★
15	现代汽车集团(中国)	外资企业	交通运输设备制造业	有	有	81.0	★★★★★
16	中国第一汽车集团有限公司	中央企业	交通运输设备制造业	有	有	80.0	★★★★
16	新兴际华集团有限公司	中央企业	金属冶炼及压延加工业	有	有	80.0	★★★★
16	中国节能环保集团有限公司	中央企业	废弃资源及废旧材料回收加工业	有	有	80.0	★★★★
19	中国铝业集团有限公司	中央企业	混业(金属冶炼及压延加工业;一般采矿业;批发贸易业)	有	有	79.3	★★★★
20	松下电器中国东北亚公司	外资企业	混业(电子产品及电子元件制造业;家用电器制造业)	有	有	78.0	★★★★
21	中国华能集团有限公司	中央企业	电力生产业	有	有	77.5	★★★★
22	中国联合网络通信集团有限公司	中央企业	通信服务业	有	有	77.0	★★★★
22	中国黄金集团有限公司	中央企业	一般采矿业	有	有	77.0	★★★★
24	腾讯控股有限公司	民营企业	互联网服务业	有	有	76.0	★★★★

续表

排名	企业名称	企业性质	行业	CSR专栏	CSR报告	责任管理指数	星级
24	中国民生银行股份有限公司	民营企业	银行业	有	有	76.0	★★★★
26	台达	外资企业	电子产品及电子元件制造业	有	有	75.0	★★★★
26	中粮集团有限公司	中央企业	混业（食品饮料业；房地产开发业；批发贸易业）	有	有	75.0	★★★★
28	中国电信集团有限公司	中央企业	通信服务业	有	有	73.0	★★★★
28	中国盐业集团有限公司	中央企业	混业（食品饮料业；工业化学品制造业）	有	有	73.0	★★★★
30	中国旅游集团有限公司［香港中旅（集团）有限公司］	中央企业	旅游业	有	有	72.0	★★★★
31	中国LG	外资企业	混业（电子产品及电子元件制造业；家用电器制造业、工业化学品制造业）	有	有	71.0	★★★★
31	新城控股集团股份有限公司	民营企业	房地产开发业	有	有	71.0	★★★★
33	中国交通建设集团有限公司	中央企业	建筑业	有	有	70.0	★★★★
33	苹果公司	外资企业	电子产品及电子元件制造业	有	有	70.0	★★★★
35	中国长江三峡集团有限公司	中央企业	电力生产业	有	有	69.0	★★★★
36	浦项（中国）投资有限公司	外资企业	金属冶炼及压延加工业	有	有	68.0	★★★★
37	内蒙古伊利实业集团股份有限公司	民营企业	食品饮料业	有	有	66.0	★★★★

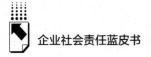

续表

排名	企业名称	企业性质	行业	CSR专栏	CSR报告	责任管理指数	星级
37	中国人寿保险(集团)公司	国有金融企业	保险业	有	无	66.0	★★★★
39	中国电力建设集团有限公司	中央企业	混业(建筑业;机械设备制造业)	有	有	65.0	★★★★
39	LG化学(中国)投资有限公司	外资企业	混业(石油和天然气开采业与加工业;电子产品及电子元件制造业;医药生物制造业)	有	有	65.0	★★★★
39	碧桂园控股有限公司	民营企业	房地产开发业	有	有	65.0	★★★★
39	台积电	外资企业	电子产品及电子元件制造业	有	有	65.0	★★★★
43	洛阳栾川钼业集团股份有限公司	民营企业	金属冶炼及压延加工业	有	有	62.0	★★★★
44	中国一重集团有限公司	中央企业	机械设备制造业	有	有	61.0	★★★★
44	国家电力投资集团有限公司	中央企业	电力生产业	有	有	61.0	★★★★
46	SK中国	外资企业	混业(工业化学品制造业、电子产品及电子元件制造业、交通运输服务业)	有	有	60.0	★★★
47	华为投资控股有限公司	民营企业	通信设备制造业	有	有	59.0	★★★
47	蚂蚁科技集团股份有限公司	民营企业	互联网服务业	有	无	59.0	★★★
49	佳能(中国)有限公司	外资企业	混业(电子产品及电子元件制造业;计算机及相关设备制造业;计算机服务业)	有	有	58.0	★★★
49	联想控股股份有限公司	民营企业	电子产品及电子元件制造业	有	有	58.0	★★★

续表

排名	企业名称	企业性质	行业	CSR专栏	CSR报告	责任管理指数	星级
51	TCL 集团股份有限公司	民营企业	家用电器制造业	有	有	57.0	★★★
51	交通银行股份有限公司	国有金融企业	银行业	有	有	57.0	★★★
51	招商银行股份有限公司	国有金融企业	银行业	有	有	57.0	★★★
54	中国有色矿业集团有限公司	中央企业	混业（一般采矿业；金属冶炼及压延加工业；建筑业）	有	有	56.0	★★★
55	中国南方航空集团有限公司	中央企业	交通运输服务业	有	有	55.0	★★★
55	温氏食品集团股份有限公司	民营企业	农林牧渔业	有	有	55.0	★★★
55	中国平安保险（集团）股份有限公司	民营企业	保险业	有	有	55.0	★★★
58	华侨城集团有限公司	中央企业	混业（文化娱乐业；旅游业；房地产开发业；电子产品及电子元件制造业）	有	有	54.0	★★★
58	中兴通讯股份有限公司	民营企业	通信设备制造业	有	有	54.0	★★★
60	中国大唐集团有限公司	中央企业	电力生产业	有	有	53.0	★★★
60	百度股份有限公司	民营企业	互联网服务业	有	有	53.0	★★★
62	SK 海力士	外资企业	电子产品及电子元件制造业	有	有	52.0	★★★
62	中国远洋海运集团有限公司	中央企业	交通运输服务业	有	有	52.0	★★★
62	龙湖集团控股有限公司	民营企业	房地产开发业	有	有	52.0	★★★

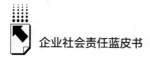
续表

排名	企业名称	企业性质	行业	CSR专栏	CSR报告	责任管理指数	星级
62	中国工商银行股份有限公司	国有金融企业	银行业	有	有	52.0	★★★
62	中国人民保险集团股份有限公司	国有金融企业	保险业	有	有	52.0	★★★
62	丰田通商(中国)有限公司	外资企业	交通运输设备制造业	有	无	52.0	★★★
68	兴业银行股份有限公司	民营企业	银行业	有	有	51.0	★★★
68	中国航空油料集团有限公司	中央企业	批发贸易业	有	有	51.0	★★★
68	索尼(中国)有限公司	外资企业	混业(电子产品及电子元件制造业;家用电器制造业)	有	有	51.0	★★★
71	中国绿发投资集团有限公司	中央企业	电力生产业	有	有	50.0	★★★
71	北京京东世纪贸易有限公司	民营企业	互联网服务业	有	有	50.0	★★★
71	鞍钢集团有限公司	中央企业	金属冶炼及压延加工业	有	无	50.0	★★★
71	海尔集团公司	民营企业	家用电器制造业	有	有	50.0	★★★
71	中国中车集团有限公司	中央企业	交通运输设备制造业	有	有	50.0	★★★
71	中国石油天然气集团有限公司	中央企业	石油和天然气开采业与加工业	有	有	50.0	★★★
77	复星国际有限公司	民营企业	混业(医药生物制造业;旅游业;文化娱乐业)	有	有	49.0	★★★
77	顺丰控股股份有限公司	民营企业	交通运输服务业	有	有	49.0	★★★
77	中国保利集团有限公司	中央企业	混业(房地产开发;文化娱乐业;一般服务业)	有	有	49.0	★★★

排名	企业名称	企业性质	行业	CSR专栏	CSR报告	责任管理指数	星级
80	阿里巴巴集团控股有限公司	民营企业	互联网服务业	有	有	48.0	★★★
81	中国太平洋保险（集团）股份有限公司	国有金融企业	保险业	有	有	47.0	★★★
81	万科企业股份有限公司	民营企业	房地产开发业	有	有	47.0	★★★
81	中国海洋石油集团有限公司	中央企业	石油和天然气开采业与加工业	有	有	47.0	★★★
81	时代中国控股有限公司	民营企业	混业（房地产开发业；房地产服务业；文化娱乐业）	有	有	47.0	★★★
81	中国光大集团股份公司	国有金融企业	混业（银行业；证券、期货、基金及其他金融服务业；房地产开发业）	有	有	47.0	★★★
86	浙江吉利控股集团有限公司	民营企业	交通运输设备制造业	有	有	46.0	★★★
86	中国建设银行股份有限公司	国有金融企业	银行业	有	有	46.0	★★★
86	新奥集团股份有限公司	民营企业	燃气的生产和供应业	无	有	46.0	★★★
86	北京三快科技有限公司	民营企业	互联网服务业	有	有	46.0	★★★
86	小米科技有限责任公司	民营企业	通信设备制造业	有	有	46.0	★★★
86	中国恒大集团	民营企业	房地产开发业	有	有	46.0	★★★
92	上海汽车集团股份有限公司	其他国有企业	交通运输设备制造业	有	有	45.0	★★★
92	长城汽车股份有限公司	民营企业	交通运输设备制造业	有	有	45.0	★★★

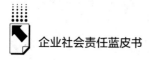

续表

排名	企业名称	企业性质	行业	CSR专栏	CSR报告	责任管理指数	星级
94	中国通用技术（集团）控股有限责任公司	中央企业	混业（机械设备制造业；医药生物制造业；批发贸易业）	有	有	43.0	★★★
94	中国东方航空集团有限公司	中央企业	交通运输服务业	有	有	43.0	★★★
94	中国国际海运集装箱（集团）股份有限公司	其他国有企业	机械设备制造业	有	有	43.0	★★★
94	九州通医药集团股份有限公司	民营企业	批发贸易业	有	有	43.0	★★★
94	通用汽车（中国）	外资企业	交通运输设备制造业	有	有	43.0	★★★
99	珠海华发集团有限公司	其他国有企业	一般服务业	有	有	42.0	★★★
99	中国中煤能源集团有限公司	中央企业	煤炭开采与洗选业	有	有	42.0	★★★
99	中国能源建设集团有限公司	中央企业	建筑业	有	有	42.0	★★★
99	中国太平保险集团有限责任公司	国有金融企业	保险业	有	有	42.0	★★★
99	中国航空集团有限公司	中央企业	交通运输服务业	有	有	42.0	★★★
99	盛虹控股集团有限公司	民营企业	混业（非金属矿物制品业；纺织业；石油和天然气开采业与加工业）	有	有	42.0	★★★

B.11
中国企业300强社会责任发展指数排名（2020~2022）*

2022排名	企业名称	企业性质	行业	社会责任发展指数	星级	2021排名	2020排名
1	华润（集团）有限公司	中央企业	混业（电力生产业；酒精及饮料酒制造业；房地产业）	92.8	★★★★★	1	1
2	三星（中国）投资有限公司	外资企业	混业（电子产品及电子元件制造业；通信设备制造业）	90.3	★★★★★	2	2
3	现代汽车集团（中国）	外资企业	交通运输设备制造业	86.8	★★★★★	3	4
4	中国石油化工集团有限公司	中央企业	石油和天然气开采业与加工业	86.0	★★★★★	4	5
5	中国建材集团有限公司	中央企业	非金属矿物制品业	85.9	★★★★★	6	6
6	中国华电集团有限公司	中央企业	电力生产业	85.3	★★★★★	5	3
7	国家开发投资集团有限公司	中央企业	混业（电力生产业；一般采矿业；交通运输服务业）	84.8	★★★★★	8	8
8	东风汽车集团有限公司	中央企业	交通运输设备制造业	84.4	★★★★★	9	10
9	国家电网有限公司	中央企业	电力供应业	84.2	★★★★★	20	61

---

* 该榜单仅展示前100名企业得分情况。

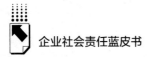
续表

2022排名	企业名称	企业性质	行业	社会责任发展指数	星级	2021排名	2020排名
9	中国南方电网有限责任公司	中央企业	电力供应业	84.2	★★★★★	10	10
11	中国宝武钢铁集团有限公司	中央企业	金属冶炼及压延加工业	84.1	★★★★★	11	23
11	国家能源投资集团有限责任公司	中央企业	混业(煤炭开采与洗选业;电力生产业)	84.1	★★★★★	14	18
13	中国第一汽车集团有限公司	中央企业	交通运输设备制造业	84.0	★★★★★	7	8
14	中国铝业集团有限公司	中央企业	混业(金属冶炼及压延加工业;一般采矿业;批发贸易业)	83.8	★★★★★	13	14
15	中国移动通信集团有限公司	中央企业	通信服务业	82.0	★★★★★	22	23
16	中国电力建设集团有限公司	中央企业	混业(建筑业;机械设备制造业)	81.8	★★★★★	14	15
17	中国交通建设集团有限公司	中央企业	建筑业	80.0	★★★★	17	20
17	松下电器中国东北亚公司	外资企业	混业(电子产品及电子元件制造业;家用电器制造业)	80.0	★★★★	17	17
17	中国LG	外资企业	混业(电子产品及电子元件制造业;家用电器制造业、工业化学品制造业)	80.0	★★★★	17	18
20	浦项(中国)投资有限公司	外资企业	金属冶炼及压延加工业	78.9	★★★★	24	26
21	华为投资控股有限公司	民营企业	通信设备制造业	78.5	★★★★	26	29
22	中国电信集团有限公司	中央企业	通信服务业	78.4	★★★★	12	13
22	中国建筑集团有限公司	中央企业	建筑业	78.4	★★★★	23	22

续表

2022排名	企业名称	企业性质	行业	社会责任发展指数	星级	2021排名	2020排名
24	腾讯控股有限公司	民营企业	互联网服务业	78.3	★★★★	27	27
24	中国华能集团有限公司	中央企业	电力生产业	78.3	★★★★	16	6
26	中国旅游集团有限公司[香港中旅（集团）有限公司]	中央企业	旅游业	78.2	★★★★	20	20
27	中国联合网络通信集团有限公司	中央企业	通信服务业	78.1	★★★★	33	39
28	内蒙古伊利实业集团股份有限公司	民营企业	食品饮料业	77.8	★★★★	32	33
29	新兴际华集团有限公司	中央企业	金属冶炼及压延加工业	77.0	★★★★	25	25
29	中国节能环保集团有限公司	中央企业	废弃资源及废旧材料回收加工业	77.0	★★★★	30	32
31	台达	外资企业	电子产品及电子元件制造业	75.8	★★★★	33	34
31	苹果公司	外资企业	电子产品及电子元件制造业	75.8	★★★★	33	30
33	中国盐业集团有限公司	中央企业	混业（食品饮料业；工业化学品制造业）	75.4	★★★★	29	28
34	中国民生银行股份有限公司	民营企业	银行业	75.3	★★★★	36	15
35	SK 中国	外资企业	混业（工业化学品制造业、电子产品及电子元件制造业、交通运输服务业）	74.5	★★★★	44	79

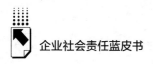

续表

2022 排名	企业名称	企业性质	行业	社会责任发展指数	星级	2021 排名	2020 排名
35	LG 化学（中国）投资有限公司	外资企业	混业（石油和天然气开采业与加工业；电子产品及电子元件制造业；医药生物制造业）	74.5	★★★★	45	—
37	北京控股集团有限公司	其他国有企业	混业（环保产业；公用事业和基础设施；酒精及饮料酒制造业）	74.4	★★★★	31	31
38	中国石油天然气集团有限公司	中央企业	石油和天然气开采业与加工业	74.3	★★★★	39	35
39	中国长江三峡集团有限公司	中央企业	电力生产业	74.2	★★★★	47	63
40	中国黄金集团有限公司	中央企业	一般采矿业	74.1	★★★★	28	12
41	珠海华发集团有限公司	其他国有企业	一般服务业	73.6	★★★★	46	52
42	中国一重集团有限公司	中央企业	机械设备制造业	73.3	★★★★	41	47
43	阿里巴巴集团控股有限公司	民营企业	互联网服务业	69.9	★★★★	80	78
44	中国有色矿业集团有限公司	中央企业	混业（一般采矿业；金属冶炼及压延加工业；建筑业）	68.6	★★★★	36	48
45	华侨城集团有限公司	中央企业	混业（文化娱乐业；旅游业；房地产开发业；电子产品及电子元件制造业）	68.2	★★★★	52	—
46	中粮集团有限公司	中央企业	混业（食品饮料业；房地产开发业；批发贸易业）	68.0	★★★★	51	59
47	国家电力投资集团有限公司	中央企业	电力生产业	67.8	★★★★	94	116

2022排名	企业名称	企业性质	行业	社会责任发展指数	星级	2021排名	2020排名
48	蚂蚁科技集团股份有限公司	民营企业	互联网服务业	67.7	★★★★	—	—
49	新城控股集团股份有限公司	民营企业	房地产开发业	67.3	★★★★	42	38
50	复星国际有限公司	民营企业	混业（医药生物制造业；旅游业；文化娱乐业）	65.7	★★★★	55	113
51	SK 海力士	外资企业	电子产品及电子元件制造业	65.6	★★★★	—	—
52	浙江吉利控股集团有限公司	民营企业	交通运输设备制造业	65.3	★★★★	42	57
53	中国绿发投资集团有限公司	中央企业	电力生产业	65.0	★★★★	—	—
54	中国南方航空集团有限公司	中央企业	交通运输服务业	64.5	★★★★	49	41
55	中国大唐集团有限公司	中央企业	电力生产业	64.4	★★★★	56	66
55	TCL 集团股份有限公司	民营企业	家用电器制造业	64.4	★★★★	54	96
57	中国中煤能源集团有限公司	中央企业	煤炭开采与洗选业	64.1	★★★★	60	72
58	碧桂园控股有限公司	民营企业	房地产开发业	63.5	★★★★	40	37
58	温氏食品集团股份有限公司	民营企业	农林牧渔业	63.5	★★★★	48	55
60	佳能（中国）有限公司	外资企业	混业（电子产品及电子元件制造业；计算机及相关设备制造业；计算机服务业）	63.4	★★★★	58	53
61	台积电	外资企业	电子产品及电子元件制造业	62.5	★★★★	61	60

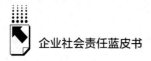

续表

2022排名	企业名称	企业性质	行业	社会责任发展指数	星级	2021排名	2020排名
62	北京京东世纪贸易有限公司	民营企业	互联网服务业	62.0	★★★★	65	267
63	中国通用技术（集团）控股有限责任公司	中央企业	混业（机械设备制造业；医药生物制造业；批发贸易业）	61.7	★★★★	64	74
64	中国铁道建筑集团有限公司	中央企业	建筑业	60.6	★★★★	53	39
64	中国远洋海运集团有限公司	中央企业	交通运输服务业	60.6	★★★★	67	89
66	鞍钢集团有限公司	中央企业	金属冶炼及压延加工业	60.5	★★★★	96	85
67	中国东方航空集团有限公司	中央企业	交通运输服务业	60.4	★★★★	70	68
68	龙湖集团控股有限公司	民营企业	房地产开发业	60.1	★★★★	69	186
68	中国太平洋保险（集团）股份有限公司	国有金融企业	保险业	60.1	★★★★	107	91
70	万科企业股份有限公司	民营企业	房地产开发业	59.9	★★★	59	64
71	中国国际海运集装箱（集团）股份有限公司	其他国有企业	机械设备制造业	59.4	★★★	56	58
72	中兴通讯股份有限公司	民营企业	通信设备制造业	59.2	★★★	68	99
73	通威集团有限公司	民营企业	农林牧渔业	58.9	★★★	74	211
73	中国国际技术智力合作集团有限公司	中央企业	一般服务业	58.9	★★★	78	83
75	唯品会（中国）有限公司	民营企业	零售业	58.8	★★★	71	271

续表

2022排名	企业名称	企业性质	行业	社会责任发展指数	星级	2021排名	2020排名
76	中国东方电气集团有限公司	中央企业	机械设备制造业	58.3	★★★	97	103
77	广州网易计算机系统有限公司	民营企业	互联网服务业	57.8	★★★	82	179
78	中国铁路工程集团有限公司	中央企业	建筑业	57.7	★★★	62	70
79	华夏银行股份有限公司	民营企业	银行业	57.0	★★★	73	73
79	上海汽车集团股份有限公司	其他国有企业	交通运输设备制造业	57.0	★★★	85	75
81	中国海洋石油集团有限公司	中央企业	石油和天然气开采业与加工业	56.9	★★★	84	49
82	哈尔滨电气集团有限公司	中央企业	机械设备制造业	56.8	★★★	79	88
83	中国建设银行股份有限公司	国有金融企业	银行业	56.3	★★★	75	71
84	交通银行股份有限公司	国有金融企业	银行业	55.9	★★★	63	65
85	中国人寿保险(集团)公司	国有金融企业	保险业	55.8	★★★	38	43
86	比亚迪股份有限公司	民营企业	交通运输设备制造业	55.7	★★★	77	67
87	新奥集团股份有限公司	民营企业	燃气的生产和供应业	55.6	★★★	81	265
88	中国农业银行股份有限公司	国有金融企业	银行业	55.2	★★★	66	69
89	北京三快科技有限公司	民营企业	互联网服务业	53.8	★★★	87	107
89	兴业银行股份有限公司	民营企业	银行业	53.8	★★★	108	109
91	五粮液集团有限公司	其他国有企业	食品饮料业	53.7	★★★	86	36

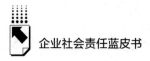

续表

2022排名	企业名称	企业性质	行业	社会责任发展指数	星级	2021排名	2020排名
92	海尔集团公司	民营企业	家用电器制造业	52.8	★★★	99	100
93	招商银行股份有限公司	国有金融企业	银行业	52.6	★★★	72	77
94	百度股份有限公司	民营企业	互联网服务业	52.4	★★★	111	155
95	中国机械工业集团有限公司	中央企业	混业（机械设备制造业；建筑业；批发贸易业）	52.2	★★★	100	56
96	物产中大集团股份有限公司	其他国有企业	批发贸易业	51.6	★★★	75	144
97	顺丰控股股份有限公司	民营企业	交通运输服务业	51.2	★★★	106	96
98	联想控股股份有限公司	民营企业	电子产品及电子元件制造业	50.7	★★★	148	79
99	招商局集团有限公司	中央企业	混业（交通运输服务业；房地产开发业；银行业）	50.3	★★★	105	54
100	中国电子信息产业集团有限公司	中央企业	电子产品及电子元件制造业	49.6	★★★	89	82
100	中国能源建设集团有限公司	中央企业	建筑业	49.6	★★★	104	101
100	铜陵有色金属集团控股有限公司	其他国有企业	金属冶炼及压延加工业	49.6	★★★	112	—

B.12

重点行业社会责任发展
指数排名（2022）

附表1　电力行业社会责任发展指数（2022）

单位：分

排名	企业名称	企业性质	CSR专栏	CSR报告	责任管理指数	社会责任发展指数	星级
1	中国华电集团有限公司	中央企业	有	有	91.0	85.3	★★★★★
2	国家电网有限公司	中央企业	有	有	84.0	84.2	★★★★★
2	中国南方电网有限责任公司	中央企业	有	有	84.0	84.2	★★★★★
4	中国华能集团有限公司	中央企业	有	有	77.5	78.3	★★★★
5	中国长江三峡集团有限公司	中央企业	有	有	69.0	74.2	★★★★
6	国家电力投资集团有限公司	中央企业	有	有	61.0	67.8	★★★★
7	中国绿发投资集团有限公司	中央企业	有	有	50.0	65.0	★★★★
8	中国大唐集团有限公司	中央企业	有	有	53.0	64.4	★★★★
9	国电南瑞科技股份有限公司	其他国有企业	有	有	65.0	60.5	★★★★
10	宁德时代新能源科技股份有限公司	其他国有企业	有	有	58.0	57.9	★★★

----

* 重点行业榜单仅展示前10名企业得分情况。

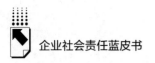

附表 2　乳制品行业社会责任发展指数（2022）

单位：分

排名	企业名称	企业性质	CSR专栏	CSR报告	责任管理指数	社会责任发展指数	星级
1	内蒙古伊利实业集团股份有限公司	民营企业	有	有	66.0	77.8	★★★★
2	内蒙古蒙牛乳业集团股份有限公司	其他国有企业	有	有	64.0	76.9	★★★★
3	中国飞鹤有限公司	民营企业	有	有	62.0	73.5	★★★★
4	北京三元食品股份有限公司	其他国有企业	无	有	60.0	71.9	★★★★
5	新希望乳业股份有限公司	民营企业	有	有	62.0	70.5	★★★★
6	光明乳业股份有限公司	其他国有企业	有	有	37.0	58.9	★★★
7	君乐宝乳业集团有限公司	民营企业	有	无	7.0	35.6	★★
8	皇氏集团股份有限公司	民营企业	无	无	4.0	31.5	★★
9	北大荒完达山乳业股份有限公司	其他国有企业	无	无	4.0	28.5	★★
10	济南佳宝乳业有限公司	民营企业	无	无	4.0	21.7	★★

附表 3　军工行业社会责任发展指数（2022）

单位：分

排名	企业名称	企业性质	CSR专栏	CSR报告	责任管理指数	社会责任发展指数	星级
1	中国兵器装备集团有限公司	中央企业	有	有	76.0	84.3	★★★★★
2	中国兵器工业集团有限公司	中央企业	有	有	73.0	73.9	★★★★
3	中国航空发动机集团有限公司	中央企业	有	有	59.0	64.2	★★★★

续表

排名	企业名称	企业性质	CSR专栏	CSR报告	责任管理指数	社会责任发展指数	星级
4	中国航空工业集团有限公司	中央企业	有	有	62.0	55.1	★★★
5	中国电子科技集团有限公司	中央企业	有	无	54.0	54.7	★★★
6	中国融通资产管理有限公司	中央企业	有	有	60.0	54.0	★★★
7	中国核工业集团有限公司	中央企业	有	有	47.0	45.6	★★★
8	中国船舶集团有限公司	中央企业	有	无	49.0	29.2	★★
9	中国航天科技集团有限公司	中央企业	有	无	44.0	23.2	★★
10	中国航天科工集团有限公司	中央企业	有	无	19.0	18.2	★

附表4　建材行业社会责任发展指数（2022）

单位：分

排名	企业名称	企业性质	CSR专栏	CSR报告	责任管理指数	社会责任发展指数	星级
1	中国建材集团有限公司	国有企业	有	有	83.0	85.9	★★★★★
2	华润水泥控股有限公司	国有企业	有	有	81.5	82.1	★★★★★
3	中国联塑集团控股有限公司	民营企业	有	有	56.7	56.3	★★★
4	北京东方雨虹防水技术股份有限公司	民营企业	有	有	45.3	55.4	★★★
5	北京金隅集团股份有限公司	国有企业	有	有	39.8	54.4	★★★
6	华新水泥股份有限公司	民营企业	有	有	28.2	48.7	★★★

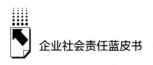

续表

排名	企业名称	企业性质	CSR专栏	CSR报告	责任管理指数	社会责任发展指数	星级
7	中建西部建设股份有限公司	国有企业	无	有	26.8	44.3	★★★
8	福耀玻璃工业集团股份有限公司	民营企业	有	有	23.6	43.9	★★★
9	山东山水水泥集团有限公司	民营企业	无	有	17.2	42.4	★★★
10	广东兴发铝业有限公司	民营企业	无	有	16.5	42.3	★★★

附表5 食品饮料行业社会责任发展指数（2022）

单位：分

排名	企业名称	企业性质	CSR专栏	CSR报告	责任管理指数	社会责任发展指数	星级
1	中国盐业集团有限公司	中央企业	有	有	73.0	75.4	★★★★
2	中国贵州茅台酒厂(集团)有限责任公司	其他国有企业	有	有	60.0	74.5	★★★★
3	牧原食品股份有限公司	民营企业	有	有	60.0	69.6	★★★★
4	华润雪花啤酒（中国)有限公司	其他国有企业	有	有	48.0	65.3	★★★★
5	温氏食品集团股份有限公司	民营企业	有	有	55.0	63.5	★★★★
6	农夫山泉股份有限公司	民营企业	有	无	45.0	63.0	★★★★
7	青岛啤酒股份有限公司	其他国有企业	有	有	40.0	61.5	★★★★
8	通威集团有限公司	民营企业	有	无	23.0	58.9	★★★
9	佛山市海天调味食品股份有限公司	民营企业	无	有	17.0	56.6	★★★
10	四川省宜宾五粮液集团有限公司	其他国有企业	有	有	29.0	53.7	★★★

附表6 动力电池行业社会责任发展指数（2022）

单位：分

排名	企业名称	企业性质	CSR专栏	CSR报告	责任管理指数	社会责任发展指数	星级
1	LG新能源(中国)	外资企业	有	有	69.0	74.7	★★★★
2	国轩高科股份有限公司	民营企业	有	有	64.0	68.5	★★★★
3	宁德时代新能源科技股份有限公司	民营企业	有	有	61.0	66.1	★★★★
4	中创新航科技股份有限公司	其他国有企业	有	有	60.0	62.5	★★★★
5	欣旺达电子股份有限公司	民营企业	有	有	51.0	58.1	★★★
6	惠州亿纬锂能股份有限公司	民营企业	有	有	26.0	41.8	★★★
7	深圳市德赛电池科技股份有限公司	其他国有企业	无	无	10.0	28.5	★★
8	蜂巢能源科技股份有限公司	民营企业	有	无	17.0	25.1	★★
9	孚能科技(赣州)股份有限公司	民营企业	有	无	6.0	23.3	★★
10	微宏动力系统(湖州)有限公司	民营企业	有	无	8.0	7.9	★

附表7 房地产行业社会责任发展指数（2022）

单位：分

排名	企业名称	企业性质	CSR专栏	CSR报告	责任管理指数	社会责任发展指数	星级
1	华润置地有限公司	其他国有企业	有	有	79.0	68.0	★★★★
2	新城控股集团股份有限公司	民营企业	有	有	66.0	67.3	★★★★
3	碧桂园控股有限公司	民营企业	有	有	60.0	63.5	★★★★
4	龙湖集团控股有限公司	民营企业	有	有	47.0	60.1	★★★★

续表

排名	企业名称	企业性质	CSR专栏	CSR报告	责任管理指数	社会责任发展指数	星级
5	万科企业股份有限公司	民营企业	有	有	42.0	59.9	★★★
6	中国海外发展有限公司	其他国有企业	无	有	58.0	55.0	★★★
7	融创中国控股有限公司	民营企业	有	有	34.0	48.9	★★★
8	广州富力地产股份有限公司	民营企业	有	有	30.0	47.8	★★★
9	中国恒大集团	民营企业	有	有	41.0	46.1	★★★
10	招商局蛇口工业区控股股份有限公司	其他国有企业	有	有	40.0	44.0	★★★

附表8　建筑行业社会责任发展指数（2022）

单位：分

排名	企业名称	企业性质	CSR专栏	CSR报告	责任管理指数	社会责任发展指数	星级
1	中国电力建设集团有限公司	中央企业	有	有	65.0	81.8	★★★★★
2	中国交通建设集团有限公司	中央企业	有	有	70.0	80.0	★★★★
3	中国建筑集团有限公司	中央企业	有	有	83.0	78.4	★★★★
4	中国铁道建筑集团有限公司	中央企业	有	有	37.0	60.6	★★★★
5	中国铁路工程集团有限公司	中央企业	有	有	34.0	57.7	★★★
6	中国冶金科工集团有限公司	中央企业	有	有	54.0	54.0	★★★
7	中国核工业建设股份有限公司	其他国有企业	有	有	52.1	52.9	★★★

续表

排名	企业名称	企业性质	CSR专栏	CSR报告	责任管理指数	社会责任发展指数	星级
8	上海建工集团股份有限公司	其他国有企业	有	有	45.0	52.0	★★★
9	中国能源建设集团有限公司	中央企业	有	有	42.0	49.6	★★★
10	中国铁塔股份有限公司	其他国有企业	有	有	43.2	47.0	★★★

附表9 煤炭行业社会责任发展指数（2022）

单位：分

排名	企业名称	企业性质	CSR专栏	CSR报告	责任管理指数	社会责任发展指数	星级
1	国家能源投资集团有限责任公司	中央企业	有	有	82.0	84.1	★★★★★
2	中国中煤能源集团有限公司	中央企业	有	有	42.0	64.1	★★★★
3	兖矿能源集团股份有限公司	国有企业	无	有	62.0	62.3	★★★★
4	华电煤业集团有限公司	中央企业	有	有	47.0	54.8	★★★
5	冀中能源股份有限公司	国有企业	有	有	26.0	53.7	★★★
6	淮北矿业（集团）有限责任公司	国有企业	有	有	62.0	52.6	★★★
7	淮河能源控股集团有限责任公司	国有企业	有	有	21.0	43.4	★★★
8	内蒙古伊泰集团有限公司	民营企业	有	有	14.0	36.4	★★
9	陕西煤业化工集团有限责任公司	国有企业	有	有	34.0	33.0	★★
10	山西焦煤集团有限责任公司	国有企业	无	有	23.0	32.8	★★

附表10　有色金属行业社会责任发展指数（2022）

单位：分

排名	企业名称	企业性质	CSR专栏	CSR报告	责任管理指数	社会责任发展指数	星级
1	中国铝业集团有限公司	中央企业	有	有	79.0	83.7	★★★★★
2	紫金矿业集团股份有限公司	其他国有企业	有	有	83.0	75.9	★★★★
3	山东黄金集团有限公司	其他国有企业	无	有	50.0	73.5	★★★★
4	江西铜业集团有限公司	其他国有企业	有	有	60.0	72.0	★★★★
5	中国黄金集团有限公司	中央企业	有	有	67.0	71.1	★★★★
6	中国有色矿业集团有限公司	中央企业	有	有	61.0	70.1	★★★★
7	铜陵有色金属集团控股有限公司	其他国有企业	有	有	41.0	49.6	★★★
8	洛阳栾川钼业集团股份有限公司	民营企业	有	有	62.0	47.6	★★★
9	中国北方稀土（集团）高科技股份有限公司	其他国有企业	有	无	25.0	39.0	★★
10	山东魏桥创业集团有限公司	民营企业	有	无	18.0	34.9	★★

附表11　汽车零部件行业社会责任发展指数（2022）

单位：分

排名	企业名称	企业性质	CSR专栏	CSR报告	责任管理指数	社会责任发展指数	星级
1	敏实集团有限公司	民营企业	有	有	50.0	67.5	★★★★
2	宁德时代新能源科技股份有限公司	民营企业	有	有	61.0	66.1	★★★★
3	潍柴动力股份有限公司	其他国有企业	有	有	40.0	53.5	★★★

排名	企业名称	企业性质	CSR专栏	CSR报告	责任管理指数	社会责任发展指数	星级
4	普利司通中国	外资企业	有	有	42.0	42.6	★★★
5	北京现代摩比斯汽车零部件有限公司	外资企业	有	无	19.0	41.6	★★★
6	广西玉柴机器集团有限公司	其他国有企业	有	有	22.0	41.1	★★★
7	华域汽车系统股份有限公司	其他国有企业	有	有	0.0	32.0	★★
8	博世(中国)投资有限公司	外资企业	有	有	13.0	30.9	★★
9	宁波拓普集团股份有限公司	合资企业	有	无	3.0	10.4	★
10	北京海纳川汽车部件股份有限公司	其他国有企业	有	无	8.0	5.4	★

附表 12　机械设备制造业社会责任发展指数（2022）

单位：分

排名	企业名称	企业性质	CSR专栏	CSR报告	责任管理指数	社会责任发展指数	星级
1	现代斗山工程机械有限公司	外资企业	有	有	65.0	78.0	★★★★
2	中国一重集团有限公司	中央企业	有	有	61.0	73.3	★★★★
3	中国通用技术(集团)控股有限责任公司	中央企业	有	有	43.0	61.7	★★★★
4	新疆金风科技股份有限公司	民营企业	有	有	45.0	60.0	★★★★
5	中国国际海运集装箱(集团)股份有限公司	其他国有企业	有	有	43.0	59.4	★★★
6	中国东方电气集团有限公司	中央企业	有	有	30.0	58.3	★★★
7	上海电气集团股份有限公司	国有企业	有	有	47.0	57.9	★★★

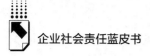

续表

排名	企业名称	企业性质	CSR专栏	CSR报告	责任管理指数	社会责任发展指数	星级
8	哈尔滨电气集团有限公司	中央企业	有	有	41.0	56.8	★★★
9	中国机械工业集团有限公司	中央企业	有	有	39.0	52.2	★★★
10	日立(中国)有限公司	外资企业	有	有	66.0	44.8	★★★

附表13 汽车行业社会责任发展指数（2022）

单位：分

排名	企业名称	企业性质	CSR专栏	CSR报告	责任管理指数	社会责任发展指数	星级
1	现代汽车集团(中国)	外资企业	有	有	81.0	86.8	★★★★★
2	东风汽车集团有限公司	中央企业	有	有	88.0	84.4	★★★★★
3	中国第一汽车集团有限公司	中央企业	有	有	80.0	84.0	★★★★★
4	江苏悦达起亚汽车有限公司	合资企业	有	有	61.0	77.6	★★★★
5	广汽本田汽车有限公司	合资企业	有	有	45.0	68.8	★★★★
6	东风本田汽车有限公司	合资企业	有	有	53.0	65.9	★★★★
7	浙江吉利控股集团有限公司	民营企业	有	有	46.0	65.3	★★★★
8	广州小鹏汽车科技有限公司	民营企业	有	有	49.0	62.0	★★★★
9	北京车和家信息技术有限公司(原重庆理想智造汽车有限公司)	民营企业	有	有	51.0	60.1	★★★★
10	上海汽车集团股份有限公司	其他国有企业	有	有	45.0	57.0	★★★

附表 14 钢铁行业社会责任发展指数（2022）

单位：分

排名	企业名称	企业性质	CSR专栏	CSR报告	责任管理指数	社会责任发展指数	星级
1	中国宝武钢铁集团有限公司	中央企业	有	有	95.0	84.1	★★★★★
2	浦项（中国）投资有限公司	外资企业	有	有	68.0	78.9	★★★★
3	新兴际华集团有限公司	中央企业	有	有	80.0	77.0	★★★★
4	鞍钢集团有限公司	中央企业	有	无	50.0	60.5	★★★★
5	北京建龙重工集团有限公司	民营企业	有	有	19.0	51.2	★★★
6	中信泰富特钢集团有限公司	民营企业	有	有	34.0	50.2	★★★
7	杭州钢铁集团有限公司	其他国有企业	有	无	7.0	45.1	★★★
8	河钢集团有限公司	其他国有企业	有	有	29.0	33.2	★★
9	中国宏桥集团有限公司	民营企业	有	有	19.0	27.2	★★
10	上海德龙钢铁集团有限公司	民营企业	有	无	38.0	25.4	★★

附表 15 石油化工行业社会责任发展指数（2022）

单位：分

排名	企业名称	企业性质	CSR专栏	CSR报告	责任管理指数	社会责任发展指数	星级
1	中国石油化工集团有限公司	中央企业	有	有	85.0	86.0	★★★★★
2	LG 化学（中国）投资有限公司	外资企业	有	有	65.0	74.5	★★★★
3	中国石油天然气集团有限公司	中央企业	有	有	50.0	74.3	★★★★

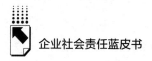

续表

排名	企业名称	企业性质	CSR专栏	CSR报告	责任管理指数	社会责任发展指数	星级
4	中国海洋石油集团有限公司	中央企业	有	有	47.0	56.9	★★★
5	云天化集团有限公司	其他国有企业	无	有	19.0	44.2	★★★
6	荣盛石化股份有限公司	民营企业	有	有	17.0	42.2	★★★
7	山东京博控股股份有限公司	民营企业	无	有	17.0	32.6	★★
8	万华化学集团股份有限公司	民营企业	有	有	22.0	33.4	★★
9	中国平煤神马能源化工集团有限公司	其他国有企业	有	有	5.0	21.5	★★
10	新疆中泰(集团)有限责任公司	其他国有企业	有	无	5.0	19.8	★

B.13

人才建设/行业研究/中央企业社会责任调研/国资国企社会责任研究

一 责任云研究院简介

责任云研究院是专注于企业社会责任与可持续发展评价的民间智库。研究院以中国社会科学院、清华大学、北京师范大学等教研机构学者为依托，汇集国内外顶级专家参与，打造连接政商学界的专业平台。

（一）组织架构

顾　　问：邓国胜、张洪忠、魏秀丽

名誉院长：钟宏武

院　　长：张 蒽

执行院长：张闽湘、叶柳红、马　燕、杨　静、张阳光

（二）研究领域

1. 标准研究

制定本土最大报告编写标准——《中国企业社会责任报告指南》，打造国内首个报告评级标准。

2. 政策研究

承接国家发改委、国务院国资委、工业和信息化部、自然资源部、农业农村部、国家市场监督管理总局、中国银保监会等部门课题30余项。

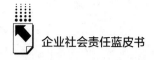

3. 行业研究

连续 14 年发布《中国企业社会责任研究报告》，以及石油化工、食品、汽车、保险、互联网等行业，上海、山西、粤港澳、西三角等区域，中央企业、上市公司等类群企业社会责任研究报告。

4. 大数据研究

研究、管理和运营中国 300 强企业社会责任数据库和责任云 ESG 数据库。

二 "分享责任公开课"简介

分享责任公开课旨在为中外企业管理人员提供免费的社会责任专项培训，借此普及社会责任知识、推广社会责任理念、提升社会责任能力、帮助企业解决发展中遇到的问题，帮助参训人员管理复杂的社会、环境议题，应对多元的挑战。2013~2022 年，已在全国 7 个省份成功举办 14 期，来自政府部门、科研院所、大型企业和知名 NGO 组织的百余位名师走进课堂，为来自 400 余家企业、20 余家教研机构、20 余家 NGO 组织和 20 余家新闻媒体的近 3000 名学员提供专业培训。

附表 1　分享责任公开课举办情况

序号	举办地	举办时间	序号	举办地	举办时间
第一期	北京	2013 年 5 月 10~12 日	第八期	北京	2016 年 10 月 12~14 日
第二期	广州	2013 年 8 月 21~23 日	第九期	苏州	2017 年 8 月 9~11 日
第三期	西安	2013 年 11 月 6~8 日	第十期	上海	2018 年 5 月 21~23 日
第四期	北京	2014 年 4 月 23~25 日	第十一期	深圳	2019 年 9 月 25~27 日
第五期	武汉	2014 年 7 月 23~25 日	第十二期	北京、上海、广州、成都、郑州	2020 年 9 月 24~25 日
第六期	成都	2014 年 10 月 29~31 日	第十三期	北京	2021 年 10 月 28~29 日
第七期	北京	2015 年 6 月 17~19 日	第十四期	北京	2022 年 9 月 6 日

三 《中国企业社会责任报告指南基础框架(CASS-ESG 5.0)》

1.项目简介

ESG 日益成为全球资本市场主流，中国 ESG 也在各方力量推动下快速发展，对中国上市公司提升 ESG 意识，加强 ESG 管理和信息披露提出了更高要求。目前，中国上市公司践行 ESG 管理和信息披露缺乏专业指导和有效工具。2022 年中国社会责任百人论坛 ESG 专家委员会发布中国第一、唯一的 ESG 报告指南——《中国企业社会责任报告指南基础框架（CASS-ESG 5.0）》，涵盖 ESG 报告内容管理、流程管理、价值管理、质量评价等内容，全面系统指导企业做好 ESG 信息披露，发挥 ESG 报告价值。

2.亮点介绍

与时俱进：本土标准是引领中国企业社会责任/ESG 报告发展的重要工具。发布首本本土 ESG 报告综合指南，从内容、流程、价值、标准全面解读，与时俱进，为企业编制 ESG 报告提供实用工具书。

模型升级：创新构建包含治理责任（G）、风险管理（R）及价值创造（V）的"三位一体"理论模型，以治理责任为基础，以风险管理和价值创造为两翼，形成稳定的三角结构，构建公司 ESG 工作的行动逻辑和完整生态。

指标全面：借鉴全球报告倡议组织（GRI）、气候相关财务信息披露工作组（TCFD）等国际组织 ESG 标准，研读中国监管部门 ESG 相关政策要求，从六大维度设置 20 余项议题、153 个指标，全面覆盖 ESG 领域的重点内容。

流程规范：建立规范的 ESG 报告流程管理模型，包括组织、策划、识别、研究、启动、编制、鉴证、发布、总结九个环节。

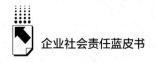

广泛应用：指南将作为参考依据，广泛应用于 ESG 报告编制、ESG 报告评级、企业 ESG 评级等方面。

四 中国企业社会责任报告评级

1. 项目简介

2010 年，在彭华岗等专家的支持下，中国社会科学院企业社会责任研究中心牵头成立"中国企业社会责任报告评级专家委员会"（简称"评级专家委员会"），制定了《中国企业社会责任报告评级标准》，从过程性、实质性、完整性、平衡性、可比性、可读性和创新性等七个维度对报告进行综合评价，出具附有专家签名的评级报告，颁发评级证书，推动我国企业社会责任报告高质量发展。

截至 2022 年 9 月，评级专家委员会已累计为超 300 家中外企业出具了 976 份评级报告，成为国内最具影响力的报告评价业务。

2. 历年参评企业名单（2010~2022）

报告评级自 2010 年启动以来，评级企业数量呈平稳上升趋势。截至 2022 年 9 月，已累计为 976 份中外企业社会责任报告提供报告评级服务。

附表 2　参评企业名单（2010~2022）

2010年（10家）	2011年（22家）	2012年（43家）	2013年（60家）	2014年（61家）	2015年（65家）	2016年（66家）	2017年（72家）	2018年（94家）	2019年（91家）	2020年（106家）	2021年（122家）	2022年（138家）
中石化集团	南方电网	中石化股份	中国建材集团	中国移动	中国石化	中国华电	中国移动	华润集团	中国石化	中国海油	中国石化	兵器工业
中石化股份	中国电信	中国华能	中国建筑	中国海油	神华集团	中国一汽	中国人保	中国黄金	国投	中国通号	中国建筑	中国航发

170

续表

2010年（10家）	2011年（22家）	2012年（43家）	2013年（60家）	2014年（61家）	2015年（65家）	2016年（66家）	2017年（72家）	2018年（94家）	2019年（91家）	2020年（106家）	2021年（122家）	2022年（138家）
民生银行	中国华能	中国铝业	中煤集团	中粮集团	北控集团	中国建筑	中交集团	上海家化	中国华电	中国建筑	中铝集团	中国石化
中国华能	中石化集团	华润集团	中国海油	中航工业	国投	中国建材	海立股份	中交集团	中国华能	南方电网	华润集团	南方电网
中国华电	中石化股份	神华集团	中国联通	中交集团	光大银行	远洋集团	丰田中国	中国浦项	中国移动	国家能源集团	中交集团	国家能源
中国大唐	中国黄金	中国电科	中国电子	国机集团	三元食品	佳能中国	华润电力	协鑫集团	民生银行	中国移动	中国宝武	中国移动
中钢集团	远洋地产	新兴际华	北汽集团	海航集团	台达	松下电器	保利协鑫	松下电器	现代汽车	中铝集团	中国华电	中国宝武
南方电网	中国电科	广东粤电	中国三星	松下电器	上汽大众	现代汽车	LG化学	北控集团	松下电器	SK中国	南方电网	国投
马钢集团	中国兵装	佳能（中国）	斗山（中国）	丰田（中国）	LG（中国）	民生银行	佳能中国	现代汽车	佳能（中国）	腾讯	中国海油	华润集团
鞍钢集团	……	……	……	……	……	……	……	……	……	……	……	……

五　中央企业社会责任课题

2022 年，国务院国资委继续委托责任云研究院开展中央企业社会责任研究课题，编制《中央企业社会责任蓝皮书（2022）》《中央企业海外社会责任蓝皮书（2022）》《中央企业上市公司环境、社会及治理（ESG）蓝皮书（2022）》三项成果。

2022 年 3 月，经中央编委批准，国务院国资委成立社会责任局，将指导所监管企业履行社会责任，督促指导所监管企业安全生产和应急管理、质量管理和品牌建设、能源节约和生态环境保护、乡村振兴和援疆援藏援青等工作开展，推动形成一批引领行业履行社会责任、具有国际影响力、受人尊敬的优秀中央企业。在此背景下，《中央企业社会责任蓝皮书（2022）》课题全面开启，结合国家最新政策要求，优化研究方法，跟踪梳理中央企业社会责任管理与实践的新进展、新经验，为国务院国资委进一步推动中央企业社会责任工作提供有力支撑。

六　国资国企社会责任课题

2022 年 5 月，国务院国资委社会责任局下发《关于开展 2022 年国资国企社会责任课题研究有关事项的通知》，首次启动国资国企系统社会责任研究，委托责任云研究院创新编发首部《国资国企社会责任蓝皮书（2022）》，通过问卷调查、案例报送、访谈调研等方式，系统梳理国资国企社会责任发展趋势，总结提炼国资国企社会责任建设经验与成效，彰显国资国企在社会主义现代化建设进程的价值和作用。

B.14
研究业绩

课　题

·国务院国资委："中央企业社会责任蓝皮书"，2022；

·国务院国资委："中央企业海外社会责任蓝皮书"，2022；

·国务院国资委："中央企业上市公司环境、社会及治理（ESG）蓝皮书"，2022；

·国务院国资委："国资国企社会责任蓝皮书"，2022；

·广东省国资委："粤港澳大湾区国企社会价值蓝皮书"，2022；

·上海市国资委："上海市国资委监管企业 2021 年度社会责任报告"，2022；

·山西省国资委："山西省省属企业社会责任蓝皮书"，2022；

·云南省国资委："云南省国资国企社会责任（ESG）蓝皮书"，2022；

·四川省国资委："四川国有企业社会责任报告"，2022；

·广州市国资委："广州国资国企社会价值蓝皮书"，2022；

·珠海市国资委："珠海市国资国企社会价值蓝皮书"，2022；

·北京市工商联："北京市民营企业社会责任百强榜"，2022；

·中国在非企业社会责任联盟："百企千村　国企力量蓝皮书"，2022；

·中国钢铁工业协会："2022 钢铁行业社会责任蓝皮书"，2022；

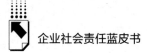

·国务院国资委："中央企业社会责任蓝皮书"，2021；

·国务院国资委："中央企业海外社会责任蓝皮书"，2021；

·国务院国资委："中央企业上市公司环境、社会及治理（ESG）蓝皮书"，2021；

·广东省国资委："粤港澳大湾区国企社会价值蓝皮书"，2021；

·上海市国资委："上海市国资委监管企业2020年度社会责任报告"，2021；

·山西省国资委："山西省省属企业社会责任蓝皮书"，2021；

·珠海市国资委："珠海市国资国企社会价值蓝皮书"，2021；

·工业和信息化部："工业和信息化 ESG 研究报告支撑专项"，2021；

·北京市工商联："北京市民营企业社会责任百强榜"，2021；

·国务院国资委："中央企业社会责任蓝皮书"，2020；

·国务院国资委："中央企业海外社会责任蓝皮书"，2020；

·国务院国资委："中央企业抗击新冠肺炎疫情案例集"，2020；

·国务院国资委："中央企业脱贫攻坚白皮书"，2020；

·国务院扶贫办、国务院国资委："中央企业精准扶贫优秀案例"，2020；

·国务院扶贫办："企业精准扶贫案例研究"，2020；

·国家发改委："从消除绝对贫困到缓解相对贫困——2020年后的中国减贫问题研究"，2020；

·工业和信息化部："企业社会责任与精准扶贫支撑"，2020；

·国务院国资委："中央企业社会责任蓝皮书"，2019；

·国务院国资委："中央企业海外社会责任蓝皮书"，2019；

·国务院扶贫办："企业精准扶贫案例研究"，2019；

·国务院国资委："中央企业社会责任蓝皮书"，2018；

·国务院国资委："中央企业'一带一路'履责报告"，2018；

· 国务院扶贫办："企业参与精准扶贫优秀案例"，2018；

· 国务院国资委："中央企业社会责任蓝皮书"，2017；

· 国务院国资委："中央企业海外社会责任研究"，2017；

· 国务院国资委："中央企业社会责任报告专题分析报告"，2017；

· 国务院扶贫办："促进企业参与精准扶贫机制研究"，2017；

· 国务院扶贫办："陇南市电商精准扶贫执行效果第三方评估报告"，2013~2015；

· 国家发改委："'一带一路'与海外企业社会责任"，2015；

· 工业和信息化部："责任制造——以社会责任推动'中国制造2025'"，2015；

· 国务院国资委："中资企业海外社会责任研究"，2014；

· 国务院国资委："中央企业社会责任优秀案例研究"，2014；

· 国家食药监局："中国食品药品行业社会责任信息披露机制研究"，2014；

· 国土资源部："中国矿业企业社会责任评价指标体系研究"，2014；

· 中国保监会："中国保险业社会责任研究"，2014；

· 全国工商联："中国民营企业社会责任研究报告"，2014；

· 陕西省政府："陕西省企业社会责任研究"，2014；

· 国土资源部："中国矿业企业社会责任报告制度研究"，2013；

· 国务院国资委："中央企业社会责任优秀案例研究"，2013；

· 中国扶贫基金会："中资企业海外社会责任研究"，2012~2013；

· 北京市国资委："北京市属国有企业社会责任研究"，2012年5~12月；

· 国资委研究局："企业社会责任推进机制研究"，2010年1~12月；

· 国家科技支撑计划课题："社会责任国际标准风险控制及企业

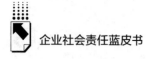

社会责任评价技术研究"之子任务，2010年1~12月；

·深交所："中国上市公司社会责任信息披露报告"，2009年3~12月；

·中国工业经济联合会：工信部"关于制定'推进企业社会责任建设指导意见'"前期研究成果，2009年10~12月；

·中国社会科学院："灾后重建与企业社会责任"，2008年8月~2009年8月；

·中国社会科学院："海外中资企业社会责任研究"，2007年6月~2008年6月；

·国务院国资委："中央企业社会责任理论研究"，2007年4~8月。

B.15
后　记

2022 年是《中国企业社会责任研究报告》连续第 14 年开展研究。课题组延续了企业社会责任发展指数的基础评价路线，同时优化评价指标体系，让本报告更好地反映中国企业履行社会责任的年度特征。

《中国企业社会责任研究报告（2022）》是集体劳动的成果。项目历时 3 个月，先后有 50 余人投入其中。内容结构和技术路线由黄群慧、钟宏武、张蒽研究确定，并组织多次研讨会，听取相关专家、企业代表、媒体等相关方的意见和建议。数据采集过程涉及中国企业 300 强、国有企业 100 强、民营企业 100 强、外资企业 100 强、15 个重点行业社会责任公开信息的收集、阅读和整理，由责任云研究院牵头完成，单子轩、陈心桐、皇孟孟、李朗青等负责信息采集录入和数据整理工作。

《中国企业社会责任研究报告（2022）》的写作框架由钟宏武、张蒽共同确定。总报告《中国企业社会责任发展报告（2022）》由钟宏武、单子轩撰写；分报告《中国国有企业 100 强社会责任发展指数（2022）》由钟宏武、陈心桐撰写，《中国民营企业 100 强社会责任发展指数（2022）》由钟宏武、皇孟孟撰写，《中国外资企业 100强社会责任发展指数（2022）》由张蒽、李朗青撰写；行业报告《重点行业社会责任发展指数（2022）》由张蒽、叶柳红、张闽湘、马燕、杨静、杜玉欣等撰写；附录由张蒽、单子轩、陈心桐、皇孟孟、李朗青整理完成。全书最终由钟宏武、张蒽等审阅、修改和

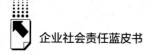
定稿。

中国企业社会责任的研究处于初步阶段，还有很多问题有待探索和解决。希望各行各业的专家学者、读者朋友不吝赐教，共同推动中国企业社会责任更好更快地发展。

感谢所有为本书的顺利出版而付出努力的人！

企业社会责任蓝皮书课题组

2022 年 10 月

皮 书

智库成果出版与传播平台

❖ 皮书定义 ❖

皮书是对中国与世界发展状况和热点问题进行年度监测，以专业的角度、专家的视野和实证研究方法，针对某一领域或区域现状与发展态势展开分析和预测，具备前沿性、原创性、实证性、连续性、时效性等特点的公开出版物，由一系列权威研究报告组成。

❖ 皮书作者 ❖

皮书系列报告作者以国内外一流研究机构、知名高校等重点智库的研究人员为主，多为相关领域一流专家学者，他们的观点代表了当下学界对中国与世界的现实和未来最高水平的解读与分析。截至2021年底，皮书研创机构逾千家，报告作者累计超过10万人。

❖ 皮书荣誉 ❖

皮书作为中国社会科学院基础理论研究与应用对策研究融合发展的代表性成果，不仅是哲学社会科学工作者服务中国特色社会主义现代化建设的重要成果，更是助力中国特色新型智库建设、构建中国特色哲学社会科学"三大体系"的重要平台。皮书系列先后被列入"十二五""十三五""十四五"时期国家重点出版物出版专项规划项目；2013~2022年，重点皮书列入中国社会科学院国家哲学社会科学创新工程项目。

皮书网

（网址：www.pishu.cn）

发布皮书研创资讯，传播皮书精彩内容
引领皮书出版潮流，打造皮书服务平台

栏目设置

◆ **关于皮书**
何谓皮书、皮书分类、皮书大事记、
皮书荣誉、皮书出版第一人、皮书编辑部

◆ **最新资讯**
通知公告、新闻动态、媒体聚焦、
网站专题、视频直播、下载专区

◆ **皮书研创**
皮书规范、皮书选题、皮书出版、
皮书研究、研创团队

◆ **皮书评奖评价**
指标体系、皮书评价、皮书评奖

◆ **皮书研究院理事会**
理事会章程、理事单位、个人理事、高级
研究员、理事会秘书处、入会指南

所获荣誉

◆ 2008 年、2011 年、2014 年，皮书网均
在全国新闻出版业网站荣誉评选中获得
"最具商业价值网站"称号；
◆ 2012 年，获得"出版业网站百强"称号。

网库合一

2014 年，皮书网与皮书数据库端口合
一，实现资源共享，搭建智库成果融合创
新平台。

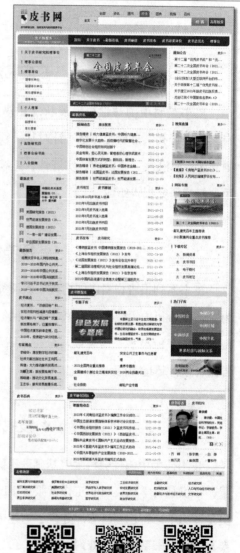

皮书网

"皮书说"
微信公众号

皮书微博

权威报告·连续出版·独家资源

皮书数据库
ANNUAL REPORT(YEARBOOK)
DATABASE

分析解读当下中国发展变迁的高端智库平台

所获荣誉

- 2020年，入选全国新闻出版深度融合发展创新案例
- 2019年，入选国家新闻出版署数字出版精品遴选推荐计划
- 2016年，入选"十三五"国家重点电子出版物出版规划骨干工程
- 2013年，荣获"中国出版政府奖·网络出版物奖"提名奖
- 连续多年荣获中国数字出版博览会"数字出版·优秀品牌"奖

皮书数据库   "社科数托邦"
微信公众号

成为会员

登录网址www.pishu.com.cn访问皮书数据库网站或下载皮书数据库APP，通过手机号码验证或邮箱验证即可成为皮书数据库会员。

会员福利

- 已注册用户购书后可免费获赠100元皮书数据库充值卡。刮开充值卡涂层获取充值密码，登录并进入"会员中心"—"在线充值"—"充值卡充值"，充值成功即可购买和查看数据库内容。
- 会员福利最终解释权归社会科学文献出版社所有。

数据库服务热线：400-008-6695
数据库服务QQ：2475522410
数据库服务邮箱：database@ssap.cn
图书销售热线：010-59367070/7028
图书服务QQ：1265056568
图书服务邮箱：duzhe@ssap.cn

社会科学文献出版社 皮书系列
SOCIAL SCIENCES ACADEMIC PRESS (CHINA)

卡号：974342672421
密码：

S 基本子库
UB DATABASE

中国社会发展数据库（下设 12 个专题子库）

紧扣人口、政治、外交、法律、教育、医疗卫生、资源环境等 12 个社会发展领域的前沿和热点，全面整合专业著作、智库报告、学术资讯、调研数据等类型资源，帮助用户追踪中国社会发展动态、研究社会发展战略与政策、了解社会热点问题、分析社会发展趋势。

中国经济发展数据库（下设 12 专题子库）

内容涵盖宏观经济、产业经济、工业经济、农业经济、财政金融、房地产经济、城市经济、商业贸易等 12 个重点经济领域，为把握经济运行态势、洞察经济发展规律、研判经济发展趋势、进行经济调控决策提供参考和依据。

中国行业发展数据库（下设 17 个专题子库）

以中国国民经济行业分类为依据，覆盖金融业、旅游业、交通运输业、能源矿产业、制造业等 100 多个行业，跟踪分析国民经济相关行业市场运行状况和政策导向，汇集行业发展前沿资讯，为投资、从业及各种经济决策提供理论支撑和实践指导。

中国区域发展数据库（下设 4 个专题子库）

对中国特定区域内的经济、社会、文化等领域现状与发展情况进行深度分析和预测，涉及省级行政区、城市群、城市、农村等不同维度，研究层级至县及县以下行政区，为学者研究地方经济社会宏观态势、经验模式、发展案例提供支撑，为地方政府决策提供参考。

中国文化传媒数据库（下设 18 个专题子库）

内容覆盖文化产业、新闻传播、电影娱乐、文学艺术、群众文化、图书情报等 18 个重点研究领域，聚焦文化传媒领域发展前沿、热点话题、行业实践，服务用户的教学科研、文化投资、企业规划等需要。

世界经济与国际关系数据库（下设 6 个专题子库）

整合世界经济、国际政治、世界文化与科技、全球性问题、国际组织与国际法、区域研究 6 大领域研究成果，对世界经济形势、国际形势进行连续性深度分析，对年度热点问题进行专题解读，为研判全球发展趋势提供事实和数据支持。

法律声明